AF276989

LA ESENCIA QUE HAY EN TI

MARIO PLA

Título: **La esencia que hay en ti**
Autor: **Mario Pla** ©
Editado por: **ONLEAN, S.L.** © **onlean editorial**
Edición: **Primera, Abril 2017. Segunda, Septiembre 2025**
Colección: **Desarrollo personal**
Diseño de portada: **Judit Grau** ©

ISBN: **978-84-19888-71-6**
Precio: **14,42 €**
Precio con IVA: **15 €**
Páginas: **174**
Encuadernación: **Rústica**
Medidas: **13x21 cm**

Prólogo

Las flores muestran su desnudez sin ningún temor. Saben muy bien que son efímeras, que tienen su momento y su lugar. Pero que poseen la virtud de asombrar a quienes son capaces de detenerse en su camino para libar su esencia. Ellas tienen los méritos, y los que captan su primor obtienen merecimientos.

Los humanos somos como esas flores, que tienen su propia esencia y la capacidad de ofrecer sus virtudes a quien se detiene a escucharlas. Pero compartimos un entorno donde es difícil poder mostrarse débiles. Las flores, aunque de naturaleza tenue, no sienten ese miedo: no son conscientes de los peligros y, aunque lo fueran, su vida seguiría el curso que marca su naturaleza. Pero quizá saben aprovechar todas sus capacidades para que esa naturaleza sea benevolente con ellas. Que sean respetadas por lo que son, y amadas por lo que ofrecen.

Bien sea por nuestro entorno o por nuestros aprendizajes, los seres humanos hemos acabado protegiendo ante los demás nuestra entidad. Y lo hemos hecho de la manera más superflua posible, puesto que en realidad el verdadero camino no es protegerse del entorno. No lo hacemos. La excelencia la obtenemos cuando conseguimos educar al entorno. Sin embargo, está claro que para conseguir un entorno mejor, primero hemos de educarnos a nosotros mismos.

Cada vez más, nos vamos aislando en nosotros mismos. Día a día, vamos menguando nuestra propia esencia, aquello que en realidad nos imanta a los demás. Todos necesitamos amar y ser amados.

Es como si pusiéramos una planta dentro de una jaula. La planta seguiría viviendo, seguiría recibiendo la luz del sol, el aire balancearía sus ramas, sus hojas, sus flores. La lluvia seguiría asperjando sus raíces… Pero su disimulo interior tan sólo le serviría para empobrecerse a sí misma.

Podrían suceder muchas cosas. Quizá la gayola permitiera asomar alguna de sus ramas, mostrar de vez en cuando alguna flor. Quizá esa flor fuera arrebatada y la planta decidiera no mostrarse a sí misma durante un tiempo. Quizá pudiera mostrar de vez en cuando sus flores y se animara, creciendo dentro de su prisión, corriendo el riesgo de morir ahogada en su propia ambición….

La gran mayoría podemos identificarnos con esa planta y sabemos que, a pesar de todo, a pesar de nuestros miedos, de nuestra prisión, y de nuestro entorno, todos tenemos la capacidad de construir una realidad diferente.

Este libro trabaja la metáfora como elemento fundamental en los cuentos, que nos ofrecen la oportunidad de hacernos soñar. Como todo buen Coach sabe que somos "eternos aprendices" y, como tales, debemos aprender a entender nuestras emociones. Unas emociones que, como las flores, solo muestran nuestra capacidad de dar frutos; unas emociones que nos pueden servir para equilibrar nuestros procesos vitales, que, por muy negativas o positivas que parezcan, siempre nos revelan el camino a seguir.

Tres conceptos clave pueden guiar nuestro propio aprendizaje emocional:

El primero, es entender que estamos en un proceso de crecimiento personal, donde siempre habrá aspectos en nosotros mismos a mejorar.

El segundo, es ver el continuo de las emociones. Comprender que un estado emocional nos conduce a otros.

Por último, entender que todo forma parte de un proceso de cambio continuo. Esto nos permite salir de nuestro estancamiento emocional, que en ocasiones nos aprisiona.

Agradecimientos

Las relaciones que mantenemos con las personas que se cruzan en nuestra vida pueden parecerse a los cuidados que necesita una planta. Ésta necesita de todos los elementos que dispone la naturaleza para que pueda crecer, y asombrar por sus colores y fragancias singulares. Del mismo modo, debemos poner a nuestro alcance todos los elementos necesarios para que nuestra relación con nosotros y los demás sea lo más fructífera posible.

Una frase que, desde siempre he utilizado para mí mismo define muy bien esta idea: "La vida te da lo que tú le das a la vida".

En mi interior, siempre conservaré la fragancia de dos flores sin igual, a las que he dedicado y dedicaré una gran parte de mi vida. Hablo de mis queridas esposa e hija. Ellas decidieron aceptarme tal y como soy, supieron ver la semilla que llevaba en mi interior. Gracias a su amor, puedo mostrar a los demás parte de la esencia que me nutre y entregarles a las dos todo mi corazón.

Pero agradecer invita siempre a dar y a recibir. Y por eso agradezco a todos aquellos que también me han sabido ofrecer su corazón y, a cambio, han recibido el mío. "Gracias por vuestra existencia. Porque da vida a la mía".

Gracias, Filo, mi querida madre, y a ti, Tere, mi querida hermana.

Gracias, Teno, por enseñarme que uno siempre es su propio maestro.

Gracias, Xavier, mi querido mentor. Y a sus hijos, Joan y Jaume, y a su esposa Montse. Gracias a todos y cada uno de vosotros.

Y, en especial, a Joan Aldavert por su amabilidad al colaborar en la elaboración de este libro.

Por último, dar mis más sinceras gracias a la editorial Onlean, por hacer posible que esta pequeña historia tenga más cabida que la que tiene mi mera imaginación.

Miedo

La flor del mímulo

"Que tus decisiones reflejen tus esperanzas, no tus miedos." —Nelson Mandela—

Como cada mañana desde hacía días, Pensil salió de la cueva que le servía de cobijo durante la noche. Con un caminar raudo y ágil sorteaba los obstáculos del bosque, mientras planeaba, absorto, cómo volver al castillo y enfrentar la situación que lo había traído hasta las montañas. Sabía que lo estarían buscando, por eso cualquier precaución podía ser poca. Exploraba los lugares más ocultos, donde quizá hubiera algo de alimento y un buen rincón donde resguardarse de sus enemigos.

Mientras se dirigía hacia el río, una voz se le acercó. Seguía de cerca sus pasos, le preguntó cómo había pasado la noche. Pensil le respondió de inmediato.

—Hoy he sentido un miedo intenso. Me he asustado y he creído que no podría continuar. Nunca había tenido un miedo semejante, ha aparecido de la nada y se ha instalado en mi interior.

—Vaya, ciertamente has pasado un mal trago… ¿Cómo te sientes ahora? —insistió la voz.

—Bien. Aunque cuando pienso de nuevo en esa sensación, un escalofrío recorre mi espalda. Me quedo paralizado y siento como si se abriera un gran vacío bajo mis pies.

—¿Te sientes así ahora?

—¡En parte no! Sin embargo, mi pensamiento retroalimenta esa experiencia una y otra vez.

—¿Qué crees que intenta hacer tu mente?

—Supongo que encontrar una salida, algo a lo que agarrarse.

—¿Si consigue agarrarse a algún sitio, tu miedo desaparecerá?

—Supongo que no. Pero quizá me ayude a soportarlo.

Pensil bajó la mirada, pensativo. Sentado cerca de una ribera, contemplaba la vegetación que allí florecía. Una planta le llamó especialmente la atención, puesto que sus flores amarillas no pasaban desapercibidas. No obstante, su presencia en el lugar era ocasional. Pues recordaba que desaparecía cuando el río crecía, y volvía a aparecer cuando el caudal bajaba. Esa planta estaba allí, afrontaba el peligro a pesar de conocer la amenaza del río, que podía arrebatarle parte de su ser. Era capaz de afrontar sus propias debilidades, permanecía ahí, dispuesta a superarlas.

—Una vez consiga aferrarme a algún lugar, podré superar mi miedo y volver a tener el valor suficiente para seguir.

—¿Es valor lo que necesitas?

—En parte sí, aunque creo que necesito algo más.

—¿Qué más? —se extrañó la voz.

—Confiar. Necesito confiar.

—¿En qué o en quién necesitas confiar?

—Necesito confiar en mí mismo, y también en las circunstancias. Afrontar mi destino con la seguridad de conseguir lo que espero.

—¿Entonces tienes esperanza de que tu destino sea lo mejor para ti?

Pensil se quedó dubitativo, indagando en la hermosa flor que tenía delante. ¿Qué cualidad necesitaba para afrontar sus temores, sabiendo que el peligro estaba allí, acechándolo? La planta parecía querer responder a sus preguntas, bajo sus fragantes señales estaba la respuesta que necesitaba.

—Tengo miedo. Pero afronto el peligro porque sé que todo es posible. La posibilidad, junto al miedo, me llevan a la esperanza.

Pensil era capaz de transformar los olores florales en pensamientos. Un lenguaje singular que había adquirido conectando con la naturaleza de cada planta.

—¿Lo ves más claro ahora? —inquirió la voz.

—Sí, creo que he encontrado la respuesta que buscaba.

—¿Y cómo está tu miedo ahora?

—Sigue ahí, aunque sé que forma parte de algo mucho mayor. Pues el miedo, en realidad, es parte de la esperanza. *Donde hay miedo, hay esperanza. Y ésta, nunca es una debilidad, sino un valor por el que luchar.*

El reino de Secura

Cinco reinos circundaban el de Creso, que era considerado el reino más rico que nunca había existido. Se decía que bajo su castillo se guardaban laberintos repletos de oro y joyas. Creso había podido mantener su hegemonía gracias a los reinos colindantes, que le servían de protección. Éstos, a su vez, vivían en paz entre ellos y nunca habían pasado penurias, puesto que el rey Creso les devolvía sus favores.

Uno de esos reinos era gobernado por la reina Secura, que había sabido mantener siempre la tranquilidad necesaria para gobernar. Tomaba sabias decisiones, y así ayudaba a su propio país y a los reinos alegados a sobrevivir.

Nada más nacer su hijo Medros, Secura enviudó y tuvo que imponerse a todos sus enemigos. La voluntad era su arma más fuerte y había sabido utilizarla no solo para gobernar su país, sino también para obtener privilegios del reino de Creso. Pero algo la hacía infeliz: su hijo era débil, y ya desde pequeño se intuía su carácter temeroso e introvertido. La disposición de la reina Secura hacia su hijo tampoco ayudó, puesto que, como reina, siempre estaba ocupada velando por la seguridad de su reino y asegurando sus alianzas de gobierno. Eso acentuó todavía más las debilidades de su hijo.

Cuando llegó la noticia a palacio, Secura hizo llamar a su hijo. Éste acudió temeroso. Ella estaba tan excitada, que Medros pensó que su reprimenda iba a ser de las peores que había recibido. Sus piernas empezaron a temblar nada más llegar ante la presencia de su suprema madre.

—¡Hijo! —dijo Secura con voz seca, al observar unas piernas que casi no podían sostener la titilación—. Por favor, necesito más que nunca que muestres la valentía que corre por tus venas o, de lo contrario, pensaré que no eres hijo mío.

El pobre Medros se desvaneció casi por completo. De hecho, el color de las mejillas se confundía con el blanco azulado de su camisa real. Los soldados allí presentes tuvieron cura de él. Al cabo de unos minutos, Medros volvía en sí.

La madre había conseguido calmarse, puesto que, de hacerlo, sabía que el chico podía volver a tener uno de esos episodios a los que la tenía acostumbrada.

—El rey de Creso necesita nuestra ayuda. Su hija ha desaparecido en las profundidades del bosque de Abyso —le informó Secura.

Medros conocía muy bien la belleza de Alhelí, la hija de Creso. Desde siempre había deseado haber sido lo suficientemente valiente para poder cortejarla y recibir las atenciones que nunca había tenido de una mujer.

Creso ha prometido conceder la mano de su hija al príncipe que consiga devolverla sana y salva. No es momento para dilaciones, tienes que esforzarte como nunca y demostrarme que eres el hijo que me merezco.

Todo iba demasiado rápido para el pobre Medros, se sentía paralizado cada vez que su madre le hablaba. Una parte de él quería tener el valor suficiente para afrontar el reto. El premio era muy ambicioso, podía conseguir el respeto de su propia madre y ese amor siempre deseado que sentía por la princesa Alhelí.

—Madre —dijo finalmente Medros—. Iré. Sin embargo, no me siento capaz de hacerlo.

Sus palabras ni siquiera fueron escuchadas. La reina ya había mandado a sus soldados que llevaran a su hijo a las puertas del bosque de Abyso. Durante el trayecto, el pobre Medros tuvo varios episodios de shock y turbación. Una vez llegaron al bosque de Abyso, los soldados dejaron al aturdido Medros apoyado en un enorme tronco y se apresuraron a irse, aterrados por el aspecto del lugar. Pues recordaban la belleza de otros tiempos; ahora todo era muy diferente. El bosque se había secado por completo, su verdor desmedido había desaparecido y se había convertido en un paisaje parecido al de la ultratumba.

Al cabo de un rato, Medros se despertó. Poco a poco fue sintiendo su cuerpo. Habían sido demasiados desasosiegos en pocas horas y le costaba situarse. Empezó a acariciar su alrededor con las manos. Cuando notó el tacto del tronco al que estaba apoyado se sobresaltó y se incorporó de inmediato. Se había desmayado demasiadas veces y su cuerpo estaba reaccionando de manera muy diferente a como estaba acostumbrado. Al darse cuenta de que era un simple tronco, se sintió más relajado. No obstante, sus piernas temblaban. Tragó saliva y se dijo a sí mismo:

—Éste es el lugar más aterrador que jamás ha existido. Yo me largo de aquí, no hay persona con suficiente valor para penetrar en este averno.

No obstante, recordó a su enfurecida madre y la belleza que irradiaba la princesa Alhelí. Se hizo con el valor suficiente para dar unos pasos adelante. Si se quedaba en las inmediaciones del bosque quizá no correría peligro alguno.

Sin embargo, al cruzar unos setos que perfilaban el camino, llegó a un lugar mucho más aterrador. Los árboles, a su alrededor, eran centenares de soldados del reino de Creso que habían sido engullidos por la vegetación en un intento desesperado de introducirse en las profundidades de Abyso.

Medros se quedó un instante petrificado y decidió volver sobre sus pasos.

Pero al intentar salir, la vegetación muerta que yacía bajo sus pies empezó a crecer desmesuradamente. Desesperado Medros probó a correr. La vegetación se había aferrado a su despavorido cuerpo, amortajaba sus articulaciones y penetraba en el interior del pobre Medros por cualquier espacio posible. Medros intentó gritar, pero antes de que su voz pudiera emitir cualquier sonido, fue acallada.

De cuando Pensil y Alhelí se conocieron y cómo el amor arraigó en sus corazones

Nadie de los 6 reinos sabía dar una explicación a lo sucedido. Hacía mucho tiempo que la nigromancia había desaparecido del lugar. Ninguna bruja se había aventurado a poner sus pies en Abyso, ya que el rey Creso no habría escatimado ningún esfuerzo por capturar a quienes osasen imponerse a su reinado y a la fortuna de su pueblo.

Pero lo peor que se podía esperar había hecho acto de presencia…

Aquella mañana, antes de cumplir con los deseos de su amado padre, el rey de Creso, la princesa Alhelí decidió dar lo que iba a ser su último paseo por los jardines reales. Quería encontrase de nuevo con su amado Pensil, pero no tuvo fortuna. Se sentía trastornada, nunca había sentido nada semejante por nadie. Sus encuentros con Pensil la habían transportado a un mundo de fantasía y admiración por la belleza de la naturaleza.

Mientras caminaba rodeada por la fragancia de cientos de rosales en flor, recordaba detalles de su primer encuentro con Pensil. Había llovido intensamente por la noche y Pensil se dirigió a primera hora de la mañana al castillo de Creso, donde trabajaba como jardinero real. Su padre hacía tiempo que se encontraba enfermo y Pensil había tenido que hacerse cargo de los principales cuidados del jardín real.

El castillo de Creso tenía uno de los más hermosos jardines jamás vistos. El rey había mandado plantar hermosas flores porque esperaba la visita de un príncipe lejano que ofrecía poder y riquezas a cambio de la mano de su hija Alhelí. Ésta ya había rechazado a varios pretendientes; de hecho, todos los príncipes de los alrededores la habían cortejado y habían sido rechazados por la propia Alhelí.

Ya fuese por el empeño de Pensil en dejar el jardín nuevamente en condiciones —destrozado por la tormenta acontecida— o por el carácter rebelde de la princesa Alhelí, se produjo su primer encuentro. Pensil sabía que no debía quedarse mucho tiempo arreglando los jardines, puesto que a media mañana los nobles de la corte solían pasear. Y Pensil tenía terminantemente prohibido permanecer en el jardín cuando lo hacían.

Alhelí había decidido salir al jardín. Faltaba poco tiempo para que los demás nobles hicieran lo mismo, pero ella quería disfrutarlo en privado. Su padre se lo prohibía. Además, no debía estar sola ni un solo instante. De hecho, siempre había alguna sirviente siguiéndola a todos sitios. Sin embargo, Alhelí era una joven que sabía muy bien cómo escapar de la vigilancia impuesta por su padre.

Cuando la princesa Alhelí llegó donde estaban los nuevos rosales, Pensil estaba arrodillado detrás de unas plantas aromáticas. Preparaba el suelo para dar mayor sujeción a las nuevas incorporaciones en el jardín. Así que permanecieron unos segundos sin percibir la presencia la una del otro.

Alhelí estaba absorta oliendo las hermosas rosas y Pensil seguía arrodillado, descansando un poquito antes de dar por finalizado su trabajo.

Alhelí quiso arrancar una hermosa rosa. Pero al hacerlo, una de las púas le cortó en la mano. Alhelí lanzó un grito de dolor.

A Pensil casi le da un vuelco el corazón. Primero, por el desconcierto acaecido y, segundo, porque temía que algún noble estuviese paseando por el jardín y le echara una buena reprimenda. Se incorporó de golpe y, sin levantar la mirada, le pidió disculpas.

Sin embargo, la princesa no le hizo demasiado caso, puesto que estaba pendiente de detener la sangre que salía de la herida. Lo perdonó y le pidió, por favor, que la ayudara a parar la hemorragia.

Al darse cuenta de lo que sucedía, Pensil levantó la mirada. Se encontró con los ojos más hermosos que había visto jamás. Ninguna flor podía tener un color semejante. Supo enseguida que era la princesa Alhelí, siempre la había visto de lejos y, aunque sabía de su enorme belleza, al contemplarla sintió que alguna cosa indescriptible le estaba sucediendo.

Vendó la maltrecha mano de la princesa, utilizando para este menester un pañuelo con exquisitos bordados que la princesa le ofrecía. Ella observaba la habilidad de Pensil.

"Tiene unas manos ásperas de trabajar la tierra, pero delicadas en el trabajo con las flores", pensó Alhelí. "Además, se nota que está nervioso. Aun así, sabe controlarse".

—Ya está, princesa —dijo Pensil arrodillándose.

—Maldito rosal… si lo sé, no intento arrancar ninguna rosa.

Pensil no se lo pensó dos veces. Quiso arrancar una rosa para ella, pero justo la que quería ofrecerle estaba manchada con su sangre.

Entonces recordó una de las historias que le contaba su madre cuando era pequeño.

—Princesa Alhelí, ¿queréis oír la historia sobre el origen de los rosales?

—¿Una historia? Me encantan las historias. Por favor, ¡cuéntamela!

Ésta empezaba así:

De cuando el dragón Leviatán apresó a la joven princesa de un reino muy lejano y de cómo un valeroso caballero acudió a liberarla

"El mejor regalo que podemos ofrecer al mundo es nuestra propia transformación." —Lao Tsé—

En un reino muy lejano, un malvado dragón llamado Leviatán tenía atemorizado a todos sus habitantes. El rey decidió ofrecer la mano de su hija al caballero que lograse vencerlo. Pero la fortuna no sonrió nunca a los que osaron enfrentarse a la terrible bestia. Ésta pronto se sintió amenazada, porque un gran número de caballeros osaban penetrar en sus dominios. Por eso decidió contraatacar.

Escondida detrás de las nubes, empezó a espiar la vida de palacio. Estudió cada uno de los movimientos de la princesa. Descubrió que el mejor momento para acometer su ofensiva sería durante sus paseos matinales. Pues, acompañada siempre de su guardia personal, solía montar a caballo a primera hora. Su paseo preferido la acercaba hasta un pequeño lago, donde abrevaban los caballos mientras la princesa caminaba cerca de la orilla.

Leviatán ideó su plan. Y una mañana decidió perpetrarlo. Se escondió en lo más profundo del fondo del lago y esperó su momento. Cuando la princesa llegó al lago, los soldados empezaron a inspeccionar el lugar mientras ella permanecía montada sobre su corcel. Parecía que todo estaba en orden, así que la princesa desmontó y empezó a caminar por la orilla. Los soldados aprovecharon para atender a los caballos.

Escondido en las profundidades del lago, la bestia no podía ver nada. Sin embargo, sabía muy bien que podría percibir a los caballos bebiendo. En cuanto vio movimiento en el agua, salió a la superficie. Los soldados no tuvieron tiempo de reaccionar. En un batir de alas consiguió aprisionar a la princesa con sus zarpas. Cargaron las ballestas y se dispusieron a abatir a Leviatán. Sin embargo, ya era demasiado tarde.

— Quien ose amenazar mi vida, estará amenazado la de la princesa —gritó—. Decidle a vuestro rey que si quiere

que su hija viva, no intente nunca más acercarse a mis dominios siquiera.

Y mientras decía esto, alzó el vuelo y se alejó del lugar.

El rey quedó estupefacto al recibir la noticia, su compromiso como gobernante hacia la gente de su reino había hecho mella. Además, había perdido lo que más quería en el mundo: su amada hija.

Pero la fortuna acabó sonriendo a los habitantes del reino... Un buen día apareció un nuevo caballero, montado en un hermoso corcel blanco. Lo más curioso era su armadura, puesto que había sido forjada con las escamas de antiguos dragones, todos ellos vencidos por su habilidosa espada. Se presentó en palacio y se comprometió en vencer al dragón y devolver la princesa con vida.

El rey, también prometió concederle la mano de su hija si lograba tal acometido, a lo que el caballero respondió que solo aceptaría si la princesa lo deseaba realmente.

Antes que saliera el sol, el caballero fue a la guarida del dragón. Quería sorprenderlo, antes de que se despertara. Sin embargo, Leviatán era experimentado y no dormía profundamente. No había llegado todavía a la entrada de la cueva, cuando el dragón alzó el vuelo y se detuvo en el peñasco más alto con la pobre princesa entre sus zarpas. Desde allí, le gritó:

— ¡Si osas acercarte a mí, la princesa morirá ante tus ojos!

Sin embargo, el caballero era perspicaz y no se atemorizó. Contestó con voz enérgica y serena:

— La princesa no me importa realmente, solo me interesa acabar con tu maldad. De hecho, he venido a trasmitirte un mensaje de parte de uno de tus hijos...

— ¿Uno de mis hijos? ¿A qué te refieres?

El caballero no dudó ni por un instante. Haciendo meya de su fuerza, arrancó una de las escamas de dragón que cubría su escudo y se la mostró a Leviatán. Éste comprendió que era de su temible hijo Luzbel, pues era roja como él. Un terrible fogonazo salió de sus entrañas, casi alcanzó al valeroso caballero.

— Tu hijo Luzbel mantuvo una feroz lucha conmigo. Y cuando acabé con su vida, gritó al infierno que te enfrentases a mí y vengases el honor de su sangre.

El dragón no se lo pensó ni un instante. Enfurecido, se lanzó en picado desde lo alto del peñasco. Pero su ira lo traicionó, puesto que soltó a la princesa sin darse cuenta de ello. El caballero pudo evitar el primer ataque de Leviatán. Y éste no tuvo más remedio que rodar por el suelo para detener la fogosidad de su descenso.

El caballero aprovechó la ocasión y lanzó el más despiadado de sus ataques. De ese modo, consiguió malherir al feroz dragón.

Ante todo eso, la princesa ya se había escondido detrás de una enorme roca. Allí se sintió a salvo, y deseó con todo su corazón que el valeroso caballero saliese victorioso de su acometido.

El dragón valoró la situación y volvió a alzar el vuelo, en busca de la princesa. Pero no supo dar con ella. Desesperado y lleno de odio, volvió a lanzarse sobre el caballero. Éste ya tenía preparada su lanza con un diente de dragón a modo de punta. Esperó el instante oportuno, no quería fallar en su intento porque, de hacerlo, Leviatán acabaría con él. Lanzó el arma con todas su fuerzas. Impactó en el pecho del dragón y se partió en dos. Pero el diente de dragón que tenía en su extremo consiguió atravesar el férreo cuerpo y penetrar hasta su corazón.

Leviatán supo al instante que su vida había acabado. Pero su fuerza era tal, que se puso de nuevo en pie y sobrevoló el lugar. Se fue derrotado, desangrándose lentamente.

El caballero empezó a llamar a la princesa, ajeno a los gritos del moribundo Leviatán. Cuando se encontró con la princesa sellaron su amor eterno con un maravilloso beso.

La princesa Alhelí quedó maravillada por la bella historia que le había contado Pensil. Nunca había conocido a nadie que tuviese tal capacidad para transmitir tantas emociones a través de los cuentos.

Pero Pensil no había acabado su historia y, mientras volvía a tomar la palabra, arrancó una hermosa rosa para ofrecérsela a Alhelí.

—El caballero acabó con el dragón. Su muerte hizo brotar todos los rosales que han aparecido y aparecerán en este maravilloso planeta. Sus escamas se convirtieron en las espinas que protegen a los rosales y su sangre en las hermosas rosas que nos sirven para regalar algo más que un gesto. Nos sirven para acercarnos a los demás, pero también para recordar que todos llevamos en nuestro interior nuestros propios dragones y que, a parte de convivir con ellos, debemos aprender a superarlos.

Alhelí tomó la rosa entre sus manos, la acercó a su nariz y la olió. Su mirada se cruzó por un momento con la mirada de Pensil. En ese preciso instante, se oyeron gritos acercándose. Eran las cortesanas.

—Alhelí, Alhelí.

Pensil recogió todas sus herramientas, mientras se despedía de la muchacha.

Entonces, Alhelí le dijo en voz muy baja:

—Me gustaría saber más de tus historias… ¿Puedo venir a verte?

Pensil sabía muy bien lo peligroso que era, pero no quería dejar de verla.

—¡Aquí estaré! —dijo con una sonrisa entre sus labios.

Antes de partir, Pensil arrancó la rosa que había quedado manchada con la sangre de la joven y se la guardó en su zurrón. Luego se alejó del lugar sin mirar atrás en ningún momento.

Odio

La flor del acebo

"He decidido apostar por el amor. El odio es una carga demasiado pesada." —Martin Luther King—

—Hola, Pensil. Te veo muy alterado, hoy. ¿Puedo ayudarte? ¿Qué te preocupa?

—Siento que no puedo ni hablar conmigo mismo. Estoy bloqueado, algo dentro de mí prueba a salir a la superficie y siento cómo me hierve la sangre. Se entrecorta mi respiración y tengo la espalda tensa.

—¿Esa energía que sale de tu interior, a dónde se dirige?

—A lo que me rodea, al exterior.

—¿Lo provoca algo externo?

—En parte sí. Son las circunstancias las que me provocan esta negatividad.

—¿Qué circunstancias? ¿Me lo puedes explicar mejor?

—No, no tengo ganas de recordar los hechos. ¡Pero siento que debo vengarme por lo sufrido! Me han herido. Y debo encontrar el culpable.

—¿Es que existe un culpable?

—Sí. O uno o varios. Han hecho que haya perdido todo lo que poseo en este mundo.

—¿Es por eso que sientes tanto odio?

—Sí, es odio lo que siento.

—¿De dónde surge ese odio?

Las preguntas hacían que Pensil fuera entrando en razón. No obstante, la emoción que sentía lo desbordaba por completo.

—Surge cuando pienso que en algún lugar debe de estar la persona que me ha hecho infeliz.

—Bueno, Pensil. Es lógico que pienses así. Sin embargo, ¿te has planteado que en realidad esa persona no existe?

—Sí que existe. Alguien tiene que ser culpable…

—Y si existe, ¿dónde está?

—No sé, supongo que en palacio. ¡Quizá sea el mismo rey!

—Pero si está en palacio, no está aquí presente.

—No, no está aquí. ¡Claro que no lo está! Pero… Yo siento como si en realidad estuviera presente.

—¿Y en qué lugar lo puedes sentir?

—¡En mi interior!

Pensil sintió tanta rabia que empezó a rodar por el suelo, con la mala fortuna de abalanzarse encima de un acebo. La planta pareció defenderse del infortunio que le venía encima, sus terribles púas empezaron a clavarse en Pensil. No fue la intensidad de las punzadas que recibió, sino más bien la exasperación acumulada, lo que hizo que saliera de fuera de sí por unos momentos. Sin pensarlo dos veces, arrojó toda su ira contra el inocente acebo. Lo pateó hasta dejarlo prácticamente sin ninguna rama.

Una vez se hubo desahogado, observó el maltrecho acebo. Siempre había considerado que las plantas poseían el don de transmitir a consciencia su esencia a todo aquel capaz de reconocer el lenguaje de cada planta.

Una sola rama del acebo se mantenía firme, mostrando a Pensil aquello que siempre sabía encontrar en las plantas: una respuesta a sus propias dudas.

Al final de la rama, un grupo de pequeñas flores blancas parecía querer comunicarse con Pensil, quien empezó a entrar en razón y dialogó con ellas.

—Mi fortaleza está construida en base a mis debilidades, me enfrento a mis problemas exteriorizando mi rabia contenida. Y ésta se desata con el contacto externo. Pero esta protección solo sirve para crear más odio hacia lo foráneo. Es el miedo a ser herido lo que me hace perder mi dignidad. Mi escudo está ahí, protegiendo mi verdadera esencia, que se muestra por encima de lo superfluo.

—¿Estás bien, Pensil? ¿Te encuentras mejor?

—Sí, estoy mejor... Mi odio es solo un apego hacia mí mismo. La máxima expresión de amor dirigida hacia mí. Pues solo la esencia de lo verdaderamente genuino de ese amor, puede languidecer mis propios arrebatos. *El verdadero amor es unidireccional, siempre va de dentro hacia fuera. Dar lo mejor de uno mismo sin esperar nada a cambio.*

El reino de Amos

Amos siempre había gobernado con gran indulgencia y era conocido como un gobernante capaz de tratar a todos por igual. Gracias a sus dotes con el diálogo, los seis reinos habían podido llegar a acuerdos que, en más de una ocasión, habían logrado evitar una que otra guerra.

Era capaz de conversar tranquilo, siempre con calma. No obstante, una espina se le clavaba en lo más hondo del corazón. Su hijo, Sañudo, era de carácter rencoroso, irascible y poco alegado al diálogo. Siempre andaba metido en disputas y se decía de él que su espada había permanecido más tiempo fuera de su vaina que dentro de ella.

Para Amos era imposible hacer entrar en razón a su hijo. De hecho, si la razón existía en algún lugar, nunca había hecho acto de presencia en Sañudo. Pues casi siempre estaba fuera de palacio, en busca de hombres con quienes batirse. Su desasosiego interior había hecho de él un gran guerrero, pero a cruel con sus enemigos.

Amos ordenó a su guardia real ir a por su hijo. Quizá sería su hijo el único capaz de recuperar a la princesa Alhelí. Si había alguien con tanto valor como para penetrar en el bosque de Abyso y vencer las pruebas que allí le aguardaran, éste tenía que ser sin duda su hijo Sañudo. Si conseguía el amor de la joven, podría ser que cambiase y se convirtiese en un ejemplo para los demás.

Cuando la guardia real encontró a Sañudo en las afueras del reino, éste estaba en medio de una pelea. Cinco forajidos lo rodeaban. Bueno, en realidad los rodeados eran ellos. Y no por la guardia real que acababa de llegar, sino por el propio Sañudo, quien se deleitaba acometiendo a los cinco desdichados. Al ver llegar los soldados, los cinco forajidos probaron a huir. Sin embargo, Sañudo no lo permitió. Y en un instante, su espada los atravesó uno a uno.

—¿Cómo osáis interrumpir mis quehaceres? —les espetó—. Si es mi padre quien os manda buscarme, decidle que no me provoque. O, de lo contrario, conseguirá que su propio hijo le arrebate su delicada vida.

La guardia retrocedió un poco. Temían uno de sus arrebatos.

—Príncipe, son buenas las noticias que le traemos.

—No existen buenas noticias si de mi padre estamos hablando. Sus debilidades no son más que un tormento para mí.

—Se trata de la princesa Alhelí.

Al oír ese nombre, Sañudo bajó su espada.

—¿Cuáles son esas noticias tan oportunas? —preguntó, ahora con un tono más distendido.

—El rey Creso ofrecerá la mano de su hija a quien logre traerla de vuelta de nuevo al reino. Alhelí desapareció hace unos días, en el bosque de Abyso. Un terrible maleficio ha acontecido en el bosque y ningún hombre puede ahora cruzarlo.

—Yo no soy como los demás hombres. No hay fuerza capaz de vencerme, soy yo la fuerza en su máxima expresión. Devolveré la princesa a su padre. Y luego será mía.

Sañudo quería vengarse de Alhelí y poseerla hasta el agotamiento, puesto que le había rechazado en varias ocasiones. Asintió con la cabeza. Luego rugió y fingió atacar a los soldados, que huyeron aterrados. Soltó una carcajada. Orgulloso de sí mismo, dijo:

—¡Qué desaventurados son todos!

Montó en su fiel Dorkas, conocido por ser la montura más recia del lugar. El pobre animal se temió lo peor y, antes de ser espoloneado por las botas de Sañudo, empezó a galopar. Al cabo de unas horas, llegó a las inmediaciones de Abyso. Su caballo estaba agotado, pero el príncipe no se detuvo. Nada más penetrar en el bosque, Dorkas comenzó a disminuir la velocidad. Sañudo pensó que lo había llevado a su límite, pero al momento observó que se debía a que sus patas estaban siendo envueltas por la vegetación. Ésta crecía de forma desenfrenada, y pronto empezó también a aprisionar al propio Sañudo.

—¡Maldición!

Desenvainó su espada y acometió contra la vegetación. Fue arrastrado hacia el suelo, al tiempo que su corcel lanzaba su último relincho antes de ser amortajado por el bosque.

La lucha entre Sañudo y la vegetación fue intensa. Sañudo gritaba como una fiera, blandía su espada con auténtico fervor haciendo retroceder a su inagotable enemigo. Luchó toda la noche. Sañudo conseguía avanzar lentamente. Al día siguiente, la fuerza de los dos combatientes fue disminuyendo, por lo que a Sañudo le fue más fácil seguir adelante.

Cuando estaba a punto de caer agotado, la vegetación dejó de crecer. Sañudo dio por terminada la contienda.

—¡Por fin serás mía! Voy a por ti, Alhelí.

Se dejó caer de rodillas. Necesitaba descansar un poco. Al cabo de unos minutos, decidió que era hora de levantarse. Estaba agotado, pero debía continuar.

Lo que oyó le sorprendió enormemente. Era su voz. A pocos metros de distancia, justo delante. Con la ayuda de su espada, se levantó. Fue entonces cuando se percató de que ante él había su propia imagen. Como si fuera un espejo, se contemplaba a él mismo.

—¿Quién demonios eres tú? —preguntó.

—Yo soy tú —le contestó su reflejo.

Sañudo no cabía en sí. Le respondía su propia voz, ahora en boca de ese extraño hecho a su semejanza.

—¡No, no! ¡Tú no eres yo!

Esta vez la imagen no dijo nada, se puso en pie para mostrar al provocativo Sañudo su propia actitud desafiante. Éste también se irguió, alterado.

—¿Qué quieres de mí? ¿Cómo osas intentar ser yo? ¿Acaso no sabes de lo que soy capaz?

Mientras decía esto, Sañudo alzaba su espada, dispuesto a combatir.

—He venido a vencerte y ocupar el lugar que me corresponde. Quiero dejar de ser un reflejo y convertirme en algo más que tú —dijo la imagen, antes de comenzar a correr hacia él.

Sañudo no tardó en reaccionar, y de un saltó se abalanzó sobre la figura. El choque de las dos espadas se oía a centenares de metros, cada vez que se encontraban metal y metal, un tremendo chispazo salía de la espada de Sañudo. Sin embargo, no sucedía lo mismo con la de su contrincante.

Sañudo luchaba como si estuviera poseído. Nunca había encontrado un enemigo tan astuto, de poco le servían los cortes que le hacía. Pues con cada estocada, Sañudo recibía su propia medicina. Primero fue en el hombro. Un corte peligroso, puesto que a ambos contrincantes se les abrió una brecha cerca del cuello. Después, en la pierna, cerca de la rodilla. Un corte profundo que les hizo cojear lo que duró el combate. El tercer ataque fue esta vez más certero que los anteriores: Sañudo y su imagen se penetraron mutuamente en el costado.

Parecía que todo estaba perdido, para uno y para el otro. Pero Sañudo finalmente lanzó un último y su más mortal ataque. Dos cabezas rodaron dibujando una espiral. La de la imagen, cortada por una espada real; y la de Sañudo, por la de su propio ego. Al final, Sañudo tenía razón. Nadie, salvo él mismo, podía derrotarlo en un combate.

De cuando Pensil y Alhelí se vieron por segunda vez y sellaron su amor con un esplendoroso beso

Aquel día, en palacio, se esperaba la visita de un nuevo príncipe, que venía a obtener el favor de la princesa Alhelí. Se traba del príncipe Avero, del reino de Ambitio. Creso había aceptado recibirlo porque la enemistad entre ambos reinos podría zanjarse si se perpetuaba esa alianza.

El rey Ambitio había intentado invadir el reino de Creso en varias ocasiones, pero el resultado siempre había sido el mismo: tenía que retroceder ante la supremacía de los seis reinos. Sin embargo, con el tiempo se dio cuenta de que ambos pueblos podían convivir como hermanos, siempre y cuando Alhelí aceptara la propuesta de matrimonio de su hijo. Así pues, el príncipe Avero partió dispuesto a cumplir con su propósito.

A primera hora de la mañana, Alhelí, aprovechando que las cortesanas reales estaban haciendo los preparativos para que el encuentro saliese a gusto de su rey Creso, dio un paseo por los jardines reales.

Su primer encuentro con Pensil le había despertado ciertas emociones desconocidas hasta el momento. Deseaba volver a encontrarse con él y escuchar alguna de las historias que había prometido contarle.

Era la hora de trabajar los jardines reales. Pensil estaba ocupado arreglando un hermoso seto, pero en su mente recreaba su primer encuentro con Alhelí.

"Es realmente una joven fascinante. Delicada y hermosa como una flor. Y con un carácter firme, como el bambú", pensaba Pensil. "Su mirada refleja destellos de luz como el rocío saludando los primeros rayos del día".

Ensimismado en sus pensamientos y en su trabajo, no se dio cuenta de que alguien estaba acercándose por detrás. Alhelí fue lo suficientemente sigilosa para sobresaltarlo, quien, subido en una pequeña escalera, intentaba alcanzar las ramas superiores del seto.

—¡Buh! —gritó con fuerza Alhelí, mientras aprisionaba las piernas del desfavorecido Pensil.

La escalera empezó a temblar. Pensil reaccionó con grandes esfuerzos, equilibrándose como pudo. Luego se volvió y descubrió el rostro de la muchacha.

—Princesa... —Su nerviosismo aumentó de nuevo y sus piernas empezaron a temblar—. ¡Sois vos!

La escalera se desequilibró de nuevo y Pensil acabó cayendo al suelo ante la divertida mirada de Alhelí, que se burló del susto que le había dado.

Pensil también rio. Se incorporó e hizo una reverencia a modo de saludo.

—Sois un tanto traviesa, veo que os gusta gastar bromas y eludir las normas de palacio.

—Me gusta disponer de mi espacio —contestó un poco cortante—. Siempre estoy rodeada de cortesanas o por la nobleza. En palacio, todo son obligaciones. Pero aquí, en los jardines reales, puedo sentir que el mundo es mucho más de lo que conozco. Además, tenía ganas de volverte a ver.

Pensil no podía estar más nervioso. En parte tenía miedo que alguien los viera juntos, ya que el castigo sería ejemplar. Y por otro lado, se sentía perturbado por los sentimientos que afloraban en su interior.

—Yo también quería volverla a ver. De hecho... estaba pensando en vos. Bueno, hasta que me ha sorprendido... —contestó Pensil, bajando un poco la cabeza.

—¿Te apetece dar un paseo? Quiero que me cuentes cosas sobre el jardín y alguna historia de las que me prometiste.

Empezaron a caminar juntos. Pensil le iba contando las curiosidades de la vegetación que les rodeaba. Estuvieron así durante unos minutos. Hasta que llegaron a un pequeño rincón donde centenares de margaritas empezaban a mostrar sus pétalos a un suave sol de primavera.

—Qué lugar tan hermoso —comentó Alhelí, mientras se arrodillaba para acariciar las agraciadas margaritas—. Pensil, ¿es cierto que las margaritas tienen la capacidad de mostrarte cuando un amor es correspondido?

—Sí, es cierto. De hecho, si os fijáis atentamente, no son solo una flor. Son varias flores en una misma. Pues sus pétalos son también flores, aunque su función no es la de ser flor... ¿Queréis que os cuente su historia?

—Sí, por favor.

Pensil empezó con su relato:

De cuando el dios del sol bajó al reino de las flores y les concedió un deseo a cada una

"Callando es como se aprende a escuchar. Escuchando es como se aprende a hablar. Y hablando es como se aprende a callar." —Diógenes—

Un día el dios del Sol bajó al reino de las flores porque quería concederles una virtud a cada una de ellas para que pudieran ser recordadas. Por eso reunió una de cada para que representara a sus hermanas y escuchó pacientemente sus sugerencias, que serían compartidas por el resto de las flores de su misma clase.

La rosa pidió ser la flor que transmitiera el amor y el respeto hacia los demás.

El dios del Sol le concedió ser bella en su forma y considerada por los demás.

Ésta se sintió feliz, y ofreció sus merecimientos a los que sentían amor y respeto hacia la persona amada.

La azalea pidió ser la flor que transmitiera la alegría del amor. El dios del Sol le concedió mostrarse radiante y alborozada. Ésta se sintió feliz, y ofreció sus merecimientos a los que se sentían dichosos de que su corazón perteneciese a la persona amada.

El clavel pidió ser la flor que transmitiera la pasión. El dios del Sol le concedió mostrarse ardiente. Éste se sintió feliz, y ofreció sus merecimientos a los amantes que sabían revivir sus pasiones en cada uno de sus encuentros.

El girasol pidió ser la flor que transmitiera la salud y la fidelidad. El dios del Sol le concedió mostrarse lleno de vida y seguir al sol, como los verdaderos amantes al amor. Éste se sintió feliz, y ofreció sus merecimientos a los amantes que cuidaban su amor y que eran fieles a sus sentimientos.

De ese modo, cada una de las flores fue pidiendo sus deseos. El dios del Sol se sintió complacido. Había escuchado a cada una de las allí presentes y había trabajado duramente para que todas pudieran obtener las virtudes que tanto deseaban.

Cuando estaba a punto de irse, llegó a toda prisa Margarita, que había estado todo el día distraída y no había atendido a la llamada del dios del Sol. Ésta le pidió al dios del Sol que le concediera un deseo, el de ser la flor más hermosa de todo el reino. Pero Él estaba muy enfadado. Había sido demasiado despistada.

— No te voy a conceder nada más que una virtud. Pero voy a ser yo quien la elija — dijo con firmeza — . Aprenderás a escuchar y a estar atenta a los demás, sin que te distraigas ni un solo momento. Esa es, pues, la virtud más te favorece.

Dicho esto, el dios del Sol la convirtió en una flor con un solo pétalo: grande y con forma de oreja. Las demás se rieron de ella, el dios del Sol la había ridiculizado otorgándole tal aspecto que ningún enamorado osaría regalarle una margarita a su amada. Y no solo la había perjudicado a ella, puesto que sus hermanas también compartieron su fortuna. El dios del Sol se alejó del lugar, no sin prometer antes regresar para comprobar si todas las flores habían cumplido con su cometido.

Las flores, año tras año, fueron ocupando su lugar en los jardines, donde los amantes hacían declaraciones de amor. Cada una compartía sus virtudes y acompañaba a los amantes en el devenir de sus amoríos. Todas menos una: la pobre

Margarita, que siempre se quedaba rezagada, atenta a las conversaciones de los demás, tal y como se lo había mandado el dios del Sol.

Con el tiempo, Margarita aprendió a escuchar los anhelos más internos de cada uno de los amantes a los que iba conociendo. Aprendía a vislumbrar sus secretos más escondidos.

Fue así cómo Margarita se convirtió en la flor que más sabía sobre el amor. Tal era su talento que era capaz de descubrir si los sentimientos de amor de los amantes eran verdaderos o no.

Pasó el tiempo, y el mundo cambió. Pero las flores siguieron ofreciendo sus virtudes… Un día el rey del Sol decidió regresar para comprobar que las flores habían cumplido con sus obligaciones. Ellas fueron postrándose ante el dios del Sol ofreciendo sus respetos y le contaban historias sobre amores y amantes.

El rey del Sol estaba enormemente complacido. Todas las flores habían hecho su trabajo. Pero no tardó en percatarse que Margarita no había asistido a su llamada. Se presentó donde ella estaba, escuchando, absorta, a un hermoso joven que hablaba consigo mismo.

—No sé qué hacer… ¡La quiero con tanta locura! No soportaría que rechazase mi amor.

Margarita conocía muy bien a quién se refería el joven. Su amor era correspondido, pero si no se decidía, la joven nunca sabría lo que sentía por ella porque su familia había decidido irse a otro lugar.

El dios del Sol estuvo observando a Margarita, y comprendió que había hecho muy bien el trabajo asignado. Esperó a que Margarita se diera cuenta de su presencia.

— ¡Oh, dios del Sol! — exclamó Margarita al sentirse observada — Os pido disculpas por no haber atendido a vuestra llamada. Tenía que intentar que este joven se acercase a su amada...

— Parece que has aprendido a escuchar a los demás. ¿También has sabido de mi llamada? ¿Por qué no has venido?

— Lo siento muchísimo, pero pienso que es más importante atender las necesidades del amor. ¡Y más cuando se trata de un amor verdadero! Os pido disculpas.

— Está bien, Margarita. Voy a concederte tu deseo, te convertiré en la más hermosa flor.

— ¡No, por favor! Si vais a concederme un deseo, dios del Sol, os pido que mi virtud sea la de mostrar el destino amoroso a cada enamorado.

— Me sorprende tu cambio de opinión, pero tu opción me parece justa. Te concederé tu deseo.

El dios del Sol agrupó todas las margaritas que florecían en los jardines cercanos y, removiéndolas con sus dedos, las convirtió en una sola flor. Y de ésta moldeó, a su semejanza, de nuevo cada una de sus hermanas. Una flor de apariencia frágil, pero de gran belleza. Tenía la capacidad de mostrar si un amor iba a ser correspondido o no.

Margarita y sus hermanas inundaron los campos y praderas del lugar. Ofrecieron sus pétalos a los enamorados, y éstos arrancaban, uno tras otro con el corazón en la boca, felices al descubrir que sus amadas sentían lo mismo por ellos.

Mientras Pensil acababa de contar su historia, Alhelí recogió una bella margarita y la deshojó con dulzura. Cuando tan sólo quedaba el último pétalo, ambos se miraron. Se fundieron en un momento mágico, confirmaron así la esperada respuesta a la curiosidad de Alhelí. Flor y sentimiento un único todo. Alhelí dejó caer la virtuosa flor, mientras Pensil acercaba sus labios a los de la princesa. Justo en el instante en que sintieron la musicalidad de su primer beso, estallaron los gritos de las cortesanas. Llamaban a Alhelí.

Pensil reaccionó al instante. No podía creer que hubiera besado a la princesa, su castigo iba a ser, sin duda, terrible. Alhelí, en cambio, se sentía prendada. Rogó a Pensil que se volvieran a ver pronto.

—Quisiera que este instante no hubiese terminado nunca. Ahora debo marcharme, Pensil. Pero te pido que seas tú, por favor, quien venga a mí la próxima vez.

—Así lo haré, Alhelí —contestó Pensil, muy seguro de sí mismo— En cuanto pueda, vendré a verte.

La princesa se fue. Y Pensil, todavía desconcertado por lo que acababa de suceder, recogió la deshojada margarita y la guardó en su zurrón, junto a una rosa ya marchita.

Impaciencia

La flor de la impaciencia

"Espera, ten toda la paciencia que puedas. Recibe lo que te llegue y no anheles lo que no está en tu camino, ya llegará." —Siddharta Gautama. El Buda—

Pensil andaba inquieto esa mañana. Se movía constantemente, en un pequeño espacio de pocos metros.

—¿Cómo estás?

—¡Me siento atrapado por los acontecimientos! —respondió Pensil, cortante.

—¿Necesitas mi ayuda?

—Sí, la necesito. Pero de poco me ha servido la que me has ofrecido hasta ahora.

—Entonces, ¿qué quieres que haga?

—Pues, la verdad, ¡prefiero que te largues! No necesito nada de ti, ¿me oyes?

—Como quieras. Yo solo quería acompañarte. Pero antes de irme... ¿Me permites que te haga una última pregunta?

—¡Tus preguntas me agotan! —replicó Pensil, que realmente estaba siendo cruel con quien probaba de apoyarle. Quedó unos segundos en silencio, hasta que no pudo aguantar más su curiosidad—. ¿Cuál es tu pregunta?

—Pensil, ¿puedes dejar de andar de un lado para otro e intentar ir un poco más lejos?

Pensil no entendió la complejidad que encerraba aquella pregunta. Pensó en el espacio por donde se movía, sus pasos habían dejado un rastro de evidente ansiedad por la tupida hierba del sotobosque. Intentó alejarse un poco más. Sin embargo, su marcha era demasiado apresurada para darse cuenta de lo que le estaba sucediendo. Así que se detuvo.

—¿Y ahora qué? —preguntó Pensil, impaciente.

—Ahora estás en el lugar donde debías estar —contestó la voz.

Pensil seguía sin entenderlo, así que decidió continuar con su bamboleo. Al dar unos pocos pasos, empezó a sentir pequeños estallidos bajo sus pies. Inmediatamente bajó su mirada y vio cómo a su alrededor florecían hermosas flores de color rojizo. Sus frutos, en forma de vaina, esparcían sus simientes al más leve contacto. De ese modo, estallaban bajo los pies de Pensil. Éste se quedó quieto, y los frutos dejaron de abrirse.

Conocía bien esa planta, él mismo la había plantado en palacio. Por eso procuró comprender las señales que estaba recibiendo.

—Ahora estoy en el lugar que debería estar —repitió en voz baja, recordando lo que su interlocutor le había dicho.

Esa planta solía crecer atropelladamente y ansiaba ocupar el mayor espacio posible.

Bajó su mano hasta alcanzar uno de los frutos que se acercaba a él. Al mínimo contacto con su piel, el fruto estalló y esparció sus simientes.

"Debo mantenerme a la espera de que las cosas sucedan por ellas mismas".

—¿Estás esperando algo? —preguntó la voz.

—No del todo. Solo espero, aquí. Me mantengo en mi lugar.

—¿Y qué consigues con ello?

—Si me mantengo en mi lugar, consigo no malgastar esfuerzos.

—¿Y qué hay de tu prisa por conseguir las cosas? ¿Todavía estás ansioso?

—La verdad es que sí... Pero algo ha cambiado.

—Entonces, ¿por qué te detienes?

—No me detengo del todo. Solo actuó esperando el momento oportuno, a que las cosas sucedan cuando tienen que suceder. *Me detengo en mi interior y espero a que lo que tenga que suceder venga a mí. Soy paciente con mi propio destino.*

El reino de Sendere

El rey Sendere era conocido por su paciencia y el buen trato con los demás. Cuando llegó a sus oídos la noticia del reino de Creso, estuvo meditando largo tiempo. Tenía sus dudas respecto a mandar a su hijo Ambire a rescatar a la princesa, puesto que sabía que la impaciencia de su hijo siempre le había traído problemas. Sin embargo, optó por darle una nueva oportunidad. Mandó a uno de sus generales que lo trajera ante él, pero éste regresó en menos de cinco minutos, con la noticia de que su hijo ya se había ido en busca de la joven Alhelí. Esto desconcertó por completo al rey Sendere. Su hijo era tan impaciente que acababa siendo cruel incluso con su propio padre, al que desde hacía tiempo no tenía en consideración. Considerar a los demás más allá de las expectativas de lograr sus inmediatos propósitos, no eran condiciones para la ocupada mente del muchacho.

Ambire no se detuvo en todo el trayecto, estaba demasiado ansioso para llegar a las inmediaciones del bosque de Abyso. Una vez allí, preparó sus armas favoritas: dos pequeñas guadañas que, unidas a una cadena, hacía voltear a su alrededor gracias al experimentado giro de sus brazos.

Había oído que unas pruebas terribles aguardaban a todo aquel que osase adentrarse en el bosque. No quería que nada pudiera hacer frente a sus propósitos. Sabía muy bien que el fuego sería su mejor aliado, por eso untó con un comburente especial cada guadaña y las prendió.

A medida que la vegetación crecía a su alrededor intentando engullirlo, Ambire agitaba su ígneo armamento. Empezaron a describir acrobáticos movimientos, cauterizando el avance de la agosta vegetación.

Ambire no tardó en abrirse paso. Su inquietud para lograr su objetivo le ayudaba considerablemente y frenaba así el ataque del bosque. Pero no podía estar más equivocado, puesto que la magia de aquel lugar le reservaba nuevos engaños.

Una vez superada la contienda, Ambire corrió hacia el corazón del bosque. Quería descubrir qué le había pasado a la princesa Alhelí y convertirse en su paladín. Tal era su desasosiego que no se percató que su propia imagen se le aparecía delante. Al encontrarse frente a ella su propia inquietud fue su mayor aliada. No pudo frenar la inercia de su propia prisa, de modo que, antes de que su reflejo pudiese sorprenderle, ya había pasado de largo. Su imagen intentó seguirle, pero, al poco rato, se dio por vencida y dejó que el joven afrontara las pruebas que había más adelante.

Cuando llegó a lo más profundo del bosque, Ambire se quedó paralizado. Delante había una hermosa planta con una hermosa flor. Su tallo y sus hojas eran de un verde translucido, conformado por miles de esmeraldas que daban forma a la planta. Pero más sorprendente era la flor, hecha del más puro de los metales que jamás había existido. Su aspecto dorado alumbraba los alrededores. Ambire no pudo resistir la tentación y se acercó para apropiarse de tan estimado tesoro.

—¡Voy a arrancarla! —se dijo Ambire.

Su mano se aferró al tallo de la flor, y cuando se disponía a romperlo, sintió la gran necesidad de olerla. Al acercar su nariz, se percató de que emitía un aroma que le era muy conocido.

—¡Es mi propio olor! ¿Cómo es posible?

Pero esa fragancia fue cambiando poco a poco. De su propio olor corporal, pasó a oler sus propios pensamientos, su carácter y su forma de ser.

Sintió la terrible necesidad de salir corriendo. Y así lo hizo. Hacia ningún lugar y con prisas, como siempre. Sin embargo, el olor de su propia mente seguía inundando sus sentidos. Era tan intenso que dominaba completamente su propia voluntad y la dirigía hacia lo que siempre había estado haciendo: querer estar en todas partes y, sin estar en ningún sitio, querer conseguir todos sus propósitos. Cuando se había alejado unos centenares de metros del lugar, un remolino de aire y hojas arrastró al pobre Ambire. Éste pudo aferrarse al tronco de un árbol y, desde allí, observar cómo miles de hojas se elevaban siguiendo un movimiento en espiral. Su sorpresa fue aun mayor al percatarse de que esas miles de hojas iban conformando una figura humana del tamaño de un gran árbol.

—¿Dónde vas con tantas prisas? —preguntó el gigante hecho de hojas—. ¿Acaso huyes de ti mismo?

Ambire pudo reponerse. Pero el gigante lanzó un nuevo ataque. Extendió uno de sus brazos, y cientos de hojas se precipitaron sobre el muchacho, que voló unos metros.

Después de recuperarse de la sorpresa inicial, Ambire se dispuso a hacerle frente. Cogió su apreciado arsenal y contestó:

—¡De la misma forma que me impaciento yo, lo hace el viento que te da vida! ¡Mis afiladas armas harán añicos tus hojas!

Empezó a girar la cadena y sus respectivas guadañas. Corrió hacia el gigante y empezó a desmenuzar su cuerpo. Éste fue retrocediendo. Solo de vez en cuando conseguía lanzar una multitud de hojas contra Ambire, lanzándolo así por el aire. Pero Ambire siempre conseguía volverse a poner en pie.

— ¿Sólo sabes hacer esto?

Ambire hizo sus mejores ataques, giraba sus armas a una velocidad de vértigo. Las hojas quedaban desmenuzadas en nada con cada movimiento. Pero sus propias maniobras en combate le despistaron. Una de sus guadañas golpeó una enorme piedra del suelo, que hizo saltar una enorme chispa. La guadaña se prendió, puesto que seguía impregnada con el comburente que había preparado Ambire. Al ver que su rival empezaba a arder, pensó que el fuego iba a ayudarlo. De hecho, estaba en lo cierto: se produjo un gran fogonazo y el gigante ardió por completo. Al instante, Ambire quedó rodeado por viento y fuego. Tal era la intensidad de la combustión que allí se produjo, que quedó incinerado en pocos segundos. Sus gritos de dolor y espanto fueron fundidos con el crepitar del incendio.

De cómo la princesa Alhelí confesó su amor por Pensil a su sirvienta Fides y fue descubierta así por el traidor Deslex

Después del último encuentro con Pensil, la princesa se preparó para recibir la visita de un nuevo pretendiente: el príncipe Avero. Se sentía en una nube, sus encuentros con Pensil le habían mostrado por primera vez el amor. Y en su imaginación, podía percibir el entumecimiento de su primer beso. Mientras sus sirvientas iban preparándola, Alhelí soñaba despierta.

—Estáis muy distraída, princesa —le reiteró Fides, su sirvienta principal—. Debemos apresurarnos, o vuestro padre se enfadará con nosotras.

Alhelí apreciaba a todas sus sirvientes. Y, aunque le costó, se esforzó por estar presente y colaborar en las labores reales. Al poco rato de estar lista, entró el rey Creso en la estancia. La princesa, a pesar de que quería mucho a su padre, se rebelaba ante los mandatos reales. El rey era muy consciente de ello, por eso había previsto hablar con ella antes del encuentro con su nuevo pretendiente.

—Dejadnos solos —pidió a las sirvientas. Toda la servidumbre inclinó la cabeza ante su presencia y fue abandonando la sala ordenadamente—. Alhelí, voy a pedirte que seas amable con el príncipe Avero. No quiero que tengas prejuicios contra él. Y me gustaría que te plantearas la posibilidad de casarte con él.

—Padre, no pienso hacerlo. El rey Ambitio, padre de Avero, ha sido cruel y despiadado con nuestro reino durante años. Estoy convencida de que su propuesta de matrimonio solo sigue el mismo propósito de siempre: conseguir apropiarse de las riquezas de nuestro reino.

—Es cierto que el rey Ambitio fue nuestro peor enemigo —reconoció—. Sin embargo, ahora ya hace años que intenta llevarse bien con nosotros. Desde que su hijo y tú os habéis hecho mayores, ha visto con buenos ojos la posibilidad de unir ambos reinos. Solo os pido que conozcáis al príncipe Avero y que dejéis que os corteje.

Pero la princesa no escuchaba a su padre. Le dio la espalda y se lanzó a un rincón de la estancia, en un arrebato de llanto y de dolor. El rey no podía ver a su hija infeliz. Por eso decidió llamar a Fides. Antes de salir, le ordenó a la sirvienta que la hiciera entrar en razón.

—Mi hija debe obedecer mis mandatos, es su obligación. Hacédselo ver y llevadla luego ante mí. Recibiremos al príncipe Avero como se merece.

Fides había acompañado a la princesa desde su nacimiento. Se había hecho cargo de enseñarle buenos modales ya desde bien pequeña y la había ayudado en sus responsabilidades reales.

Nada más acercarse a la princesa, ésta se abrazó a ella, descompuesta.

—Princesa —dijo Fides, acariciándole con suavidad la cabeza—. No debéis poneros así. Tan sólo debéis mostrar respeto ante un príncipe que viene a cortejaros. Vuestro padre quiere veros feliz. Quizás sea una buena persona y veáis en él la posibilidad de un noviazgo.

Alhelí se sentía turbada por las palabras de su fiel sirviente.

—¡Nunca podré amar a nadie más! —respondió Alhelí entre sollozos.

Sin darse cuenta, se había delatado. Y no sólo Fides reflexionaría sobre esas palabras, sino que alguien más, que en ese momento escuchaba escondido, también lo haría.

Deslex, el escolta personal de la princesa, se había situado debajo de una de las ventanas de la habitación y escuchaba con atención. Hacía ya unos días que el príncipe Avero le había ofrecido dinero a cambio de información sobre la princesa que pudiera ayudarlo a conseguir su mano.

—¿No podréis amar a nadie más? ¿A qué os referís, princesa mía?

La joven no pudo resistir la tentación de explicarle sus encuentros con Pensil. Entre sollozos y lágrimas, habló sobre el don que tenía un simple jardinero para contar maravillosas historias sobre la naturaleza de las flores.

Fides conocía a Pensil. Su madre había sido señalada como bruja y la expulsaron del reino cuando éste no era más que un niño. Sin embargo, quienes conocían bien a la madre del muchacho, sabían que tenía el don de curar con sus brebajes, que preparaba con las plantas, y siempre había sido considerada una buena persona. Lo que en realidad sucedió fue que el rey Creso requirió de los servicios de la madre de Pensil para salvar a la reina de una terrible enfermedad. La madre de Pensil no pudo hacer nada por ella y, cuando murió, el rey mandó desterrarla.

—Ese amor no podrá nunca perpetuarse. Vuestro padre nunca consentirá que un pobre jardinero contraiga matrimonio con vos.

—Pero mi amor es verdadero. Y voy a luchar por él.

Su llanto se había transformado en un airoso desacato. Tal era el carácter de Alhelí, que acababa saliendo orgullosa de cualquier situación. Se levantó y salió de la habitación, dispuesta a cumplir con sus obligaciones reales. Pero teniendo siempre en cuenta lo que le decía el corazón.

Deslex sabía que sacaría gran provecho de esa información. Decidió esperar a que toda la ceremonia hubiese terminado para vender su lealtad. Ya era por la tarde cuando Deslex se presentó en las estancias reales que habían sido preparadas para el príncipe.

—Os traigo noticias sobre la princesa, señor.
Avero hizo salir a la servidumbre, dejando solamente sus dos mejores escoltas.
—Bien, Deslex. Contadme. Espero por vuestro bien que sean buenas noticias. Mi encuentro con Alhelí no ha sido como tenía previsto. Ha estado ausente prácticamente todo el tiempo y me huía la mirada.

Deslex se atemorizó un poco. Sabía de su crueldad y las noticias no eran muy halagüeñas.

—Estuve espiando a la princesa y averigüé que está enamorada del jardinero real. Ha tenido varios encuentros con él. Pero no debéis preocuparos, su amor es imposible. Si me dais vuestro permiso, yo mismo puedo acabar con su vida —añadió Deslex, esperando que sus últimas palabras sosegaran la posible ira del príncipe Avero.

Avero mostró un cierto rostro de indignación al oír que la princesa tenía ojos para un simple jardinero. No obstante, sus ojos brillaron cuando Deslex dijo que estaba dispuesto a matar a Pensil.

—No, debemos aprovechar lo que el infortunio nos trae. No vas a acabar con la vida del jardinero. Más bien, vamos a obligar a la princesa a casarse conmigo, si quiere que su amado continúe viviendo.

Deslex suspiró, aliviado. Había conseguido que el príncipe Avero se sintiese agradecido con sus servicios. Sin más dilación, le dijo:

—Estoy a vuestra disposición. Haré cuanto me pidáis, porque sé que sabréis agradecérmelo.

—Tenlo por seguro, Deslex. Capturad al jardinero y retenedlo hasta que la princesa acceda a casarse conmigo. Una vez lo haya hecho, te daré mi permiso para que acabes con él. Os llevaréis mis dos escoltas aquí presentes. Los vestiréis de soldados reales, así lograrán pasar desapercibidos. Si el plan falla, solo vos seréis responsable. Una vez Alhelí sea mía, os recompensaré enormemente.

De cómo el joven Pensil cumplió con su promesa y sorteó la guardia de palacio para reunirse con su amada

Alhelí tuvo un día desafortunado cumpliendo con sus obligaciones reales, cometido que siempre le traía algún que otro enojo. Su padre había estado observándola de cerca durante todo el protocolo de recibimiento al príncipe Avero. Había acatado sus órdenes, con tal de no enojarlo. No obstante, había rechazado las insinuaciones del príncipe. Su mente estuvo todo el día en otro lugar, divagando en el recuerdo que le suscitaba Pensil. Durante la ceremonia del baile, el príncipe Avero se declaró a la princesa. Alhelí no se atrevió a darle un no definitivo, puesto que estaba convencida de que, si lo hacía, iba a estallar una nueva guerra entre ambos reinos. Optó por responderle que todavía no había decidido con quién se iba a casar, que había otros pretendientes y que tenía que pensar muy bien qué era lo mejor para ella y su reino. A lo que Avero dijo que estaba convencido de que lo elegiría pronto a él como su futuro esposo.

Sus palabras no agradaron a Alhelí, sintió que alguna cosa maliciosa estaba planeando el príncipe Avero. Pero no podía imaginarse lo que el príncipe tenía en mente.

Aquella noche le costó dormirse, no paraba de pensar en que nada bueno iba a acontecer en las próximas horas. La mirada del príncipe Avero le había dado la sensación de que planeaba hacerse con el reino por la fuerza. Puede que quisiera hacer una nueva guerra, por lo que debía ser muy cauta con su trato con él.

Pasaron las horas entre sueños fugaces. Y mientras la noche marchaba, una sigilosa silueta se acercaba a las estancias reales. Con gran habilidad había sorteado la guardia y se había escondido entre unos matorrales para observar el balcón de la princesa. Escasos metros le separaban de su propósito.

Alhelí se levantó de la cama, se cubrió con una túnica de seda para ahuyentar el frío de la noche y salió al balcón. Quería respirar el nuevo aire que traía la madrugada. Al mirar al jardín, vio que una sombra se movía ágilmente hacía el muro de sus aposentos. Por un instante se asustó. Se disponía a dar la alarma, pero entonces oyó la voz de Pensil.

—Soy yo, Alhelí. No temas. Me pediste que fuera yo quien viniera a ti, y así lo he hecho.

—¡Pensil! Qué susto me has dado. No esperaba que vinieras, pero te anhelaba con locura.

—Yo tampoco podía esperar. Además, me gustaría poder mostrarte como es el amanecer en los jardines.

—Ahora me reúno contigo.

La princesa entró en su estancia y se vistió para salir. Desde allí, bajando por una pequeña escalera de caracol, se accedía a un pequeño jardín contiguo al que estaba Pensil. Un pequeño muro los separaba, y Pensil no tuvo problema alguno para saltarlo. Enseguida se halló junto a su amada. Los dos se fundieron en un abrazo, para poco después juntar sus labios y libar el néctar de su amor.

—Te he echado de menos, Alhelí. Todas estas horas he andado loco, sin poder dejar de pensar en ti.

La princesa no pudo contener sus emociones. Posó su cara en los brazos de Pensil y se echó a llorar. Él sintió que su amada estaba pasando por un mal momento, entendió en sus adentros que las obligaciones reales de aquel día habían desarmado toda su indomabilidad habitual. La dejó llorar unos instantes y, cuando se fue calmando, le preguntó:

—Alhelí, me gustaría ayudarte. ¿Me puedes contar por qué te sientes así? ¿Es por el príncipe que ha venido a palacio?

Alhelí, sin casi poder ver el rosto de su amado debido a las lágrimas que entumecían sus ojos, contestó:

—¡Oh, Pensil! La verdad es que ha sido horrible. Y me temo que lo peor está por llegar… No tengo ninguna duda de que prepara una traición a nuestro pueblo.

—Princesa, si pudiera, te sacaría ahora mismo de palacio para huir de todo lo que separa nuestro amor. Pero de nada serviría, puesto que tu padre nos buscaría más allá de los seis reinos para encontrarnos.

—Dejad que hable con mi padre. Quizá pueda comprender lo que siento por ti. Y, si no es así, huiremos para demostrárselo.

Pensil sabía que su amor era imposible. Pero no quiso decepcionarla. Por eso hizo lo que se le daba mejor, le explicó cosas de la naturaleza y un nuevo cuento.

—Aprovechemos el momento, Alhelí. Cuando sea necesario, quiero que sepas que daré mi vida por ti. Pero ahora vayamos a contemplar la salida del sol. Quiero mostrarte por qué amo ser quien soy, y por qué te amo a ti.

Alhelí accedió encantada. Y juntos sortearon la guardia real y escalaron un muro que los separaba de los jardines reales. Al cabo de unos minutos, llegaron a un estanque que emergía entre unos árboles.

Pensil y Alhelí se sentaron para escuchar el respirar de la naturaleza. El sol se levantaba lentamente en el horizonte, todo era una sinfonía de luz, color y sonido. Las flores que los rodeaban empezaron a desperezarse. A Alhelí le llamaron la atención los nenúfares que flotaban en la superficie del estanque. Abrían sus pétalos, mostraban toda su belleza.

—Qué bonitos son. Me gustaría conocer su historia, ¿puedes contármela, Pensil?

—Por supuesto. Para eso os he traído aquí, para seguir contándoos las historias de las maravillosas flores a las que cuido.

Pensil comenzó su relato:

Sobre la impar batalla entre ángeles y demonios donde Gabriel fue preso y liberado por el amor de Abaddona

"La energía del odio no te va a llevar a ningún sitio; pero la energía del perdón, que se manifiesta a través del amor, conseguirá transformar positivamente tu vida." —Paulo Coelho—

Una horda de demonios vivía atemorizando a los habitantes de una región. Éstos se encomendaron a su dios y le pidieron ayuda. Les mandó sus mejores ángeles para que hicieran frente a esos desalmados seres. La batalla fue terrible, muchos demonios perdieron la vida y la mayoría de los ángeles también cayeron en combate.

Cuando todo hubo terminado, bendijeron para siempre los ángeles muertos, mientras que los demonios que quedaron se refugiaron en las profundidades de la tierra. Los habitantes de la región estuvieron agradecidos con su dios y le hicieron todo tipo de ofrendas. Pero éste estaba triste. No sólo había perdido a sus mejores paladines, sino que además los demonios habían hecho prisionero a Gabriel, el mejor de todos ellos, que hubiera luchado hasta la muerte si no hubiera sido reducido por un numeroso grupo de adversarios.

Gabriel fue encerrado en una jaula y recibía cada día un duro castigo. Esa era la manera de vengarse que tenían los demonios, hacían sufrir a todas las criaturas. Pero el ángel tenía un gran poder de superación y no se dejaba vencer por tales artimañas. Pues el único propósito de los demonios era que Gabriel abandonara a su dios y se uniera a ellos.

Uno de los demonios, llamado Abaddona que tenía mejor corazón que los demás, empezó a compadecerse del ángel enjaulado. Para que éste pudiera sobrevivir empezó a darle de beber y comer a escondidas. Gabriel se lo agradecía siempre con una compasión infinita y, poco a poco, dicha compasión fue calando hondo en el demonio. Él nunca había imaginado que alguien podía tener una pizca de la paz que irradiaba el ángel. Sus miradas se encontraban a menudo bajo una con-fabulación desapercibida por los demás demonios, pero que en cierta forma iba acercando cada vez más sus corazones.

Poco a poco, Abaddona fue notando cómo despertaban en él unos sentimientos que nunca antes había experimentado. Del mismo modo, Gabriel empezó a darse cuenta que no sólo era compasión lo que sentía. Quizá estuviera padeciendo aquello que los humanos llamaban amor.

Alhelí, se sonrojó por completo. Pensil se dio cuenta de que sentía vergüenza por el hecho de que ángel y demonio se estuvieran enamorando.

—Entiendo lo que estás pensando —le dijo Pensil a Alhelí—. Pero tienes que saber que tanto los ángeles como los demonios son asexuales. Por tanto, no tienen género alguno. No es una cuestión por la que se puedan avergonzar como pasa en nuestra cultura, donde el amor entre hombres o entre mujeres es escondido por unos y perseguido por otros.

Alhelí le pidió disculpas y le imploró que prosiguiera con su relato. Pensil continuó:

Después de declarar su amor, el demonio decidió liberar al ángel para que éste pudiese regresar a los cielos. Gabriel le rogó que le acompañara, pero Abaddona sabía que no era una buena idea. Los ángeles jamás aceptarían un demonio y siempre habría maldad encerrada en su interior, un peligro para él y para los demás.

Salieron al bosque a despedirse. Sin embargo, los demonios se habían percatado de la traición y corrían hacia ellos. Gabriel comprendió que no podía abandonarle, por lo que decidió quedarse a defenderlo. Después intentaron huir. Pero al llegar a un estanque, se encontraron rodeados. Ambos sabían que no podían hacer nada y decidieron abrazarse en señal de amor mientras los demonios se abalanzaban sobre ellos. Los demonios hundieron a Gabriel y a Abaddona en el fondo del estanque. Se fundieron en un intenso beso mientras su respiración se iba apagando. De su amor surgió una maravillosa planta que nos ofrece una hermosa flor: la de loto. Representa a estos dos espíritus, ángel y demonio. Uno, el demonio, hundiéndose en el lodo, representa aquello que debemos superar en nosotros mismos; el otro, el ángel, ascendiendo al exterior, representa a su vez la capacidad que todos tenemos de superarnos.

—Me gustaría tener una de esas flores de loto —comentó Alhelí—. ¿Puedes alcanzarme una, Pensil?

Pensil no se lo pensó dos veces. Hundió sus pies en el estanque para poder tomar una de las flores de loto que se acercaba a la orilla. Después, se la ofreció a la princesa.

—Toma, Alhelí. Ésta sea, quizá, la parte más hermosa de la planta, la que representa el ángel que todos llevamos dentro. Pero tienes que tener en cuenta que es muy difícil que esta parte persista sola, los seres humanos también tenemos en cierta medida otra parte, la que representa el demonio. Algunos se decantan más por una parte que por la otra.

—Conozco a más de uno que mantiene su parte oscura en la superficie —matizó Alhelí, pensando en el príncipe Avero—. Quizá ni siquiera existe en él la parte de luz que dices que todos poseen.

—Los seres humanos somos seres de luz. Ese es en realidad nuestro destino. Pero, por desgracia, algunos sólo saben dar vueltas en la oscuridad, ignorando cada vez más su propia vida.

Alhelí miró a los ojos a Pensil y se dio cuenta de que poseía un don especial. No solamente por sus maravillosas historias, sino porque vibraba con todo lo que tenía que ver con la naturaleza. Se acercó la flor a la nariz y se deleitó oliéndola y mirando a su amado. Fue un instante mágico, en el que pudo apaciguar por completo todos sus miedos. Alhelí decidió colgarse la flor de loto en su sedoso cabello en forma de adorno, mientras Pensil la ayudaba a que la flor encontrara su lugar en su cabello de oro. Después permanecieron unos minutos abrazados, escuchando cómo los latidos de sus corazones se apaciguaban el uno con el otro.

Dieron por concluido su encuentro al oír el primer cambio de guardia en palacio. Pensil acompañó a la princesa, la ayudó a sortear los muros y la guardia real. No fue fácil, pero Pensil conocía muy bien cada rincón de los jardines reales.

Una vez llegaron a los jardines que rodeaban el aposento de la princesa se despidieron. Alhelí pensando en su padre, en cómo le declararía su amor por el joven con la esperanza de que el rey fuera comprensivo; Pensil en lo que se les avecinaba esos próximos días. Sabía que el rey nunca lo aceptaría como noble y menos aún le concedería la mano de su hija. Además, el príncipe Avero no desistiría de su afán por conseguir a Alhelí.

Cuando se disponía a escalar uno de los muros y volver por donde había llegado a palacio, Pensil descubrió la hermosa flor de loto en el suelo. Se había desprendido del pelo de Alhelí. Pensil dudó por un instante si debía volver y entregarle de nuevo la flor. Pero la servidumbre empezaba con sus trabajos diarios y sería peligroso acercarse a los aposentos de su amada. Guardó la flor en su zurrón, junto a la rosa y la margarita, como recuerdo de los encuentros con su amada. Después de cruzar los jardines reales, se dirigió a su casa, dispuesto a continuar con sus labores diarias.

Preocupación

La flor del castaño blanco

*"Hoy es el mañana por el que te preocupabas
ayer."* — Dale Carnegie —

Aquella mañana Pensil se sentía completamente aturdido. Había pasado toda la noche en vela, con un solo
pensamiento en su mente. ¿Cómo estaría su amada
Alhelí? La luz del día lo indispuso más, puesto que

empezaba a sentir fuertes punzadas que le atravesaban el cráneo. Por momentos le venían náuseas y aun así, a pesar de su malestar, no podía dejar de plantearse una y otra vez la misma pregunta. ¿Estaría bien Alhelí?

Su voz amiga pareció intuir su pensamiento y directamente le preguntó:

—¿Cómo estará Alhelí?

Pensil, recordando a su amada, tomó aire. Suspiró profundamente y fijó su mirada en un pequeño grupo de árboles que sobresalían al final del serpenteante camino.

—Espero que esté bien —respondió Pensil.

—¿Qué es lo que te preocupa?

—Me preocupa que esté siendo forzada a contraer una relación que nos separaría para siempre.

—Pero el amor es libre, ¿no es cierto?

—El amor sí. Sin embargo, las obligaciones y las normas nos esclavizan.

—¿Crees que Alhelí habrá abandonado su lucha por conseguir tu amor?

Pensil tuvo que agacharse y se llevó las manos a la cara. De nuevo, una terrible punzada había atravesado su cráneo. Se sentía aturdido, su dolor de cabeza se hacía insostenible por momentos. Al cabo de un rato se incorporó. Sabía perfectamente que Alhelí no cambiaría por nada sus sentimientos hacía él. Pero su incerteza de lo que estaría sucediendo en palacio le había hecho perder la noche y no había conseguido para nada salir de su desasosiego.

—No creo que Alhelí deje de amarme, como tampoco yo lo haré.

—¿Qué necesitas, entonces?

Una nueva punzada estalló en su cabeza. Por un instante tuvo que recogerse de nuevo sobre sí mismo. Cuando se incorporó, se dio cuenta que había llegado junto a un grupo de castaños. Miles de flores inundaban sus ramas. Lo primero que le vino en mente fue que era una lástima que no se hubieran convertido en frutos, puesto que según la tradición de la región, llevar en la mano tres castañas podía aliviar la peor de las jaquecas.

Como ya era habitual, empezó a interactuar —mediante su lenguaje sensitivo— con el corazón de cada planta.

—Necesito que mi pensamiento fluya para que no se detenga como una repetición constante del mismo diálogo.

—O sea, ¿necesitas que fluya tu pensamiento?

Sí... Necesito que mi pensamiento no sea una repetición del pensamiento anterior.

Las flores allí dispuestas parecían una copia la una de la otra, como los pensamientos de Pensil. Una repetición constante de un mismo patrón, que no dejaba espacio para nuevas posibilidades.

—Deja que tu pensamiento fluya, deja que tus mejores recuerdos te lleven a otro lugar... —se dijo Pensil a sí mismo.

De pronto, se levantó una suave brisa que zarandeó suavemente las ramas de los castaños. Cientos de pétalos alzaron el vuelo. De este modo, se despojaron del cáliz al que habían estado sujetos y dejaron al descubierto el fruto de su corta existencia.

Pensil se dio cuenta al instante de que, aunque los pensamientos fueran similares, cada uno de ellos ofrecía una nueva posibilidad. Del mismo modo que cada flor suponía un nuevo renacer.

—¿Lo has conseguido?

—Sí. Aunque parezca extraño, *la preocupación es tan sólo una pequeña parte de la confianza. Gracias a ella uno se puede ocupar de crear las circunstancias para confiar en uno mismo y en las posibilidades que nos brinda la vida. Es un primer paso para ocuparse activamente de la vida y confiar en ella.*

Pensil estaba dispuesto a recorrer su camino, a afrontar su destino. Era hora de que se despidieran.

El reino de Optis

La reina Optis había sido una pieza clave para el apogeo logrado durante años por el Reino de Creso. Su nivel de confianza y optimismo habían hecho renacer la esperanza en más de una ocasión, cuando los demás reinos ya lo daban todo por perdido. Para el rey Creso era una pieza fundamental en la que apoyarse en los momentos críticos. Poseía la capacidad de entender sin igual a los demás y un don de la palabra que daba absoluta confianza.

Sin embargo, la reina Optis tenía una gran preocupación. Su hijo Anxio era dicha preocupación personificada. Su dilación antes de actuar era exasperante. Comprobaba que todo estuviera en orden antes de hacer nada, toda precaución era poca para él. Podía pasar toda una mañana antes no decidiese montar a caballo.

Por eso la reina Optis dejaba de lado a su hijo, no quería que el carácter de éste hiciera mella en su optimismo habitual. Pero aquella mañana, su única preocupación volvió a aparecer. Y lo hizo en forma de emisario real, venido desde el reino de Creso con noticias sobre el infortunio de la princesa.

Una vez informada al respecto, la reina Optis fue a buscarlo. Aquella mañana era una de las peores para el pobre Anxio. Le había sorprendido la lluvia la tarde anterior, estaba completamente empapado. Prefirió quedarse en la cama, por temor a coger un resfriado. De hecho, cuando entró la reina en su habitación, Anxio yacía cubierto por unas cuantas mantas. Tosía convulsivamente e incluso sin estar enfermo se quejaba de estar ardiendo. Había hecho llamar a los dos médicos reales, que discutían a gritos acerca de cuál era el remedio idóneo para combatir el supuesto catarro.

Al ver la escena —y a sabiendas de que todo era un montaje fruto del desasosiego del príncipe— la reina mandó desalojar la habitación. Como de costumbre, intentó hacer entrar en razón a su hijo.

—Anxio, querido... ¿No crees que hace un maravilloso día para haber decidido permanecer en cama? —dijo la reina mientras abría uno de los ventanales de la habitación.

—Madre, por favor... —respondió tiritando el príncipe Anxio—. Si dejáis entrar el aire en la habitación, lo más seguro es que acabe cogiendo una pulmonía.

Optis hacía lo posible por infundir coraje a su desvalido hijo. Pero éste siempre tenía inquietud ante cualquier situación y daba vueltas a cualquier asunto.

—Hijo, dudo mucho que estés enfermo. No por lo menos como aseguras estar. Tu preocupación forma parte de tu forma de ser. Date cuenta de ello.

Pero para Anxio era imposible entrar en razón. Cuando una idea se apoderaba de su mente, no podía ir más allá de cualquier razonamiento. Estuvieron discutiendo toda la mañana. Optis intentaba hacerlo entrar en sus cabales. Cuando finalmente logró convencerlo para que fuera a rescatar a la princesa, ya era media tarde. Eso supuso que Anxio no llegara a las inmediaciones del bosque de Abyso hasta el anochecer. Como es lógico, decidió esperar a que amaneciera. Toda la noche estuvo el príncipe Anxio con un único pensamiento en su cabeza: el de volver por donde había venido y dejar su contienda en manos de otro príncipe.

Al día siguiente, sin apenas haber dormido, se dispuso a regresar al palacio. Pero antes de montar a caballo, vio a lo lejos otro jinete que se acercaba. Anxio se escondió detrás de unas rocas y espió desde allí.

Reconoció al jinete recién llegado: era el príncipe Ambire, famoso por su habilidad con el manejo de las armas. Comprendió que esa era su gran oportunidad. El príncipe Ambire había empezado a abrirse camino entre la vegetación gracias a un par de pequeñas guadañas, a las que le había prendido fuego.

Sin pensarlo dos veces, Anxio siguió el camino abierto por Ambere. A su paso, la vegetación iba recuperando su fortaleza e intentaba aprisionar a Anxio. Pero no le era difícil sortear ese obstáculo, gracias al trabajo del otro príncipe y al de su propia espada.

Mientras delante suyo se cernía una dura batalla, justo por detrás de sus pasos el bosque de Abyso recuperaba su fuerza.

—¡Qué suerte la mía! Gracias al príncipe Ambere, me será fácil vencer las pruebas que me aguardan.

Siguió a Ambere a una distancia prudencial, que concentrado en el combate no se percataba de que Anxio estaba detrás. Una vez sorteada la primera prueba, Anxio descansó un poco, mientras el príncipe Ambere desaparecía entre la espesura del bosque.

Por un instante, Anxio se sorprendió de lo que estaba viendo, pero pensó que no era nada más que una ilusión fruto del cansancio acontecido por la lucha que acababa de perpetuar con el bosque de Abyso.

—¡Qué extraño! —se dijo a sí mismo—. Me pareció ver que el príncipe Ambere era perseguido por su propia imagen.

Pero dando por imposible que su visión fuera real, se permitió el lujo de sentarse por unos instantes.

Cuando se disponía a levantarse, se le apareció su propia imagen delante. El pobre Anxio no daba crédito a lo que estaba viendo. Sobresaltado, dio unos pequeños pasos hacía atrás. Su reflejo no dudó en acompañar sus movimientos. Anxio se quedó completamente paralizado. Después, con la voz entrecortada, se atrevió a preguntar a quien parecía ser él.

—¿Quién eres?

—¿Quién eres? —respondió la imagen.

—¡No puedes ser real!

—¡No puedes ser real!

Así siguieron durante unos minutos. Anxio intentando aclarecer el dilema que allí se le presentaba, y su propia imagen imitando sus gestos y palabras a la perfección.

El pobre Anxio empezó a dar vueltas a una misma idea, mientras penetraba lentamente en el interior del bosque de Abyso, imitado por su propia imagen.

Mientras pedía, una y otra vez, a su propio yo que desapareciera, Anxio se empezó a cuestionar si su propia imagen debía saber lo que él mismo estaba pensando. Ya que, de no ser así, era imposible que sus interpretaciones se dieran en el mismo instante. Su idea, su propia imagen persiguiéndole a cada instante, la noche acontecida sin poder descansar pensando incesantemente, la batalla librada con el bosque de Abyso... todos los esfuerzos realizados iban proyectándose en el interior de su cabeza. Creyó que se iba a volver loco. Su cabeza estaba a punto de estallar y deseó que su pesadilla en forma de él mismo desapareciera del lugar.

De pronto, a unos cientos de metros de donde se hallaba, se produjo una gran explosión. Un pitido penetró en su interior e hizo que se doblegara de dolor. Al instante, sintió que pequeñas brasas se volatilizaban a su alrededor. Alzó su mirada. Un incendio se abría antes sus ojos. Se quedó quieto, temía continuar. Permaneció en silencio. Tan sólo se atrevía, de vez en cuando, a mirar de reojo si su imagen seguía allí, y ésta respondía al instante con sus mismos gestos.

Al cabo de media hora, solo se veía una pequeña humareda en el lugar donde se produjo la explosión, por lo que Anxio y su propia imagen siguieron su camino. Al llegar al lugar de la explosión, Anxio se percató de que había un calcinado cuerpo en el suelo. Al acercarse pudo reconocer fácilmente al príncipe Ambere. No porque conservara aún su aspecto, sino por su armadura y por el par de pequeñas guadañas que se encadenaban en lo que habían sido sus manos.

Una nueva preocuación apareció en la mente de Anxio. ¿Si éste había sido el destino del príncipe Ambere, cuál le estaría aguardando a él?

Siguió adelante, puesto que le atormentaba la idea de tener que soportar a su propia imagen y deseaba que todo acabara cuanto antes. Al cabo de pocos minutos, una hermosa luz se le presentó delante. No tardó en descubrir una hermosa planta, hecha toda ella de esmeraldas. Y con una flor muy peculiar.

Anxio no se resistió en acercarse, llevado por su curiosidad. Dejó de pensar por un instante y acercó su nariz a la encantada flor. Reconoció una fragancia que le era muy familiar. Se trataba de su propio olor. Y a medida que seguía oliendo, se daba cuenta de que también la flor encerraba sus pensamientos, y sus emociones. Su malestar aumentó, una terrible idea se apoderó de él. ¿Estaría su propia imagen padeciendo su mismo encantamiento?

Girándose sobre sí mismo, llamó a su propia imagen.

—¿Estás ahí? —preguntó.

—¿Estás ahí? —respondió una imagen.

—¿Estás ahí? —respondió otra imagen.

Anxio se estaba volviendo loco, su mente estaba completamente absorta por los pensamientos que le invadían, no lograba canalizarlos. A cada pregunta que formulaba, se le aparecía una nueva imagen de sí mismo. Y a los pocos segundos, era rodeado por un grupo numeroso de Anxios.

No pudo resistir mucho tiempo aquel tormento de voces resonando en su cabeza. Sintió un dolor muy punzante y al instante cayó muerto en el suelo. Sus propios pensamientos habían estallado en su interior, desatando una fuerte hemorragia que goteaba por sus orejas. Las decenas de sus propias imágenes, se desvanecieron en el aire.

Sobre cómo el joven Pensil regresó a su hogar y su moribundo padre le advirtió del grave peligro que le acechaba

Después de su último encuentro con Alhelí, Pensil regresó a su casa para ocuparse de sus tareas diarias. Como cada mañana antes de cumplir con sus obligaciones reales, debía hacerse cargo de su padre, prepararle alguna cosa para comer y darle la medicina que él mismo preparaba a base de plantas. Si no fuera por los cuidados que recibía de su hijo, seguramente ya hubiera fallecido hacía tiempo. Pero Pensil no había perdido la esperanza e intentaba, por todos los medios, que se reconfortase.

Al acercarse a su casa, un mal presagio hizo presencia en su corazón. Algo no andaba bien. La verja del patio estaba abierta. Miró al suelo y vio diversas huellas. Intuyó que varios soldados se habían acercado esa mañana a su casa, puesto que había marcas de herradura y pisadas que se dirigían a la entrada principal. Cruzó el patio y, al acercarse a la entrada principal, percibió que la puerta había sido derribada. Se abalanzó al interior de su casa, llamando a su padre e intuyendo lo peor.

Todo estaba revuelto. Pensil cruzó la estancia principal e inmediatamente se adentró en la habitación de su padre. Éste yacía en el suelo, con la respiración entrecortada. Pensil lo sostuvo entre sus brazos. Le habían golpeado, intentaba decirle algo.

—¡Padre! —dijo Pensil entre sollozos—. ¿Quién os ha hecho eso?

Pero, a pesar de que el padre de Pensil intentó explicárselo, solo le quedaron fuerzas para decir unas palabras.

—Soldados, venían a por ti —dijo en un último aliento.

Pero fue suficiente, comprendió qué había pasado. Los soldados del rey habían venido a capturarlo a él, o incluso quizás habían venido a quitarle la vida. No obstante, le extrañó que el rey Creso, padre de Alhelí, hubiese planeado semejante plan. Quizás las órdenes viniesen del príncipe Avero, puesto que su amor con Alhelí se anteponía con sus planes de matrimonio.

Después de llorar desconsoladamente junto a su fallecido padre, lo alzó y lo arrastró hasta el establo. No tenían nada más que un viejo burro para hacer las la bores del campo. Ató el cadáver a los lomos del animal y se dispuso a partir en busca de un lugar donde poder enterrarlo dignamente. Se llevó lo imprescindible para sobrevivir fuera de casa. Temía por su vida y decidió alejarse del reino, a la espera de que su suerte cambiase.

Lo llevó a su lugar favorito, en el bosque de Abyso. Allí quería darle el entierro que se merecía. Solía traerle allí de pequeño, junto con su madre. Ambos habían vivido muchos atardeceres juntos. Ahora, Pensil se había quedado solo, su madre había sido desterrada hacía tiempo. Tenía un buen recuerdo de su madre, le había despertado, ya desde pequeño, el maravilloso don de dialogar con la naturaleza. Sin duda, era un diálogo singular, donde podía intuir aquello que la esencia de las plantas era capaz de proporcionar.

Al cabo de un par de horas, ya había enterrado a su padre. Mirando al horizonte, decidió ir hacia las montañas, donde estaría a salvo de sus enemigos. Por delante le esperaba un largo viaje, así que sin más dilación se adentró en el interior del bosque de Abyso.

***

Durante toda la mañana, Deslex y los soldados de Avero estuvieron buscando a Pensil, sin acierto alguno. Primero se dirigieron a su casa a primera hora de la mañana, allí solo encontraron a su padre acostado en una de las camas. Forcejearon con él, intentando sonsacarle donde estaba su hijo. Pero no obtuvieron nada en claro y después de golpear mortalmente al anciano, decidieron volver a palacio y seguir su búsqueda por los jardines reales. Pero la suerte estuvo de parte de Pensil. Mientras Deslex y los soldados seguían buscando, éste ya había llegado a casa y había descubierto que alguien estaba tramando algo contra él.

—¡No puede ser que no le encontremos! —dijo Deslex a sus acompañantes—. ¡No creo que esté lejos de su padre durante mucho tiempo! ¡Con un poco de suerte lo encontraremos allí!

Más lejos de la realidad. Cuando Deslex y sus secuaces regresaron a casa de Pensil, su padre había desaparecido. Así que pensaron que el muchacho intentaba salvarle la vida y decidieron ir al médico del pueblo, por si lo había llevado allí.

—¡No! —contestó el médico a las insistentes preguntas de Deslex—. ¡No he visto a Pensil desde ayer!

Después de serenarse un poco preguntó:

—¿Ocurre algo grave?

Creemos que Pensil prepara una alta traición contra el rey y procuramos evitarlo. Pero debéis guardar este secreto, si no queréis también recibir vuestro castigo por traición. Corred la voz de que estamos buscando a Pensil para que haga un trabajo especial en los jardines reales. Que es muy urgente y completamente necesario que se nos haga saber cuál es su paradero.

—De acuerdo, así lo haré.

Cansados de seguir buscando, Deslex y los soldados decidieron volver a palacio y contar a Avero lo sucedido. Éste aguardaba expectante sus noticias. Mas solo tuvo que verles llegar ante su presencia para darse cuenta de que algo no andaba bien.

—Espero que me traigáis buenas noticias.

Deslex se quedó un instante paralizado. Tragó saliva, mientras los soldados que le habían acompañado daban unos pequeños pasos atrás. No dudó su respuesta, puesto que de ésta dependía su seguridad.

—Majestad, os pido perdón. Nos ha sido imposible encontrar al jardinero. Puede que haya intuido algo y por ello ha decidido irse.

—¡Maldita sea! —contestó Avero, que lanzó su copa de vino contra la pared—. ¿Cómo osáis volver sin haberlo capturado?

Deslex sabía muy bien de qué era capaz el príncipe Avero, así que, sin más dilación, interpuso en su propia defensa.

—Lo encontraremos, majestad. Cueste lo que cueste.

—Ten por seguro que lo que os va a costar va a ser vuestra vida, si no lo encontráis.

—Majestad, diré a mis hombres que busquen por todas partes.

—Sed prudentes. La princesa no debe sospechar que no hemos capturado al jardinero. Yo mismo le diré mañana, durante el paseo a caballo que Pensil... ¿Así se llama, cierto?

—Cierto, majestad.

—Que Pensil... está en nuestras manos y que, si quiere que viva, deberá contraer matrimonio de inmediato conmigo.

Deslex abandonó la habitación, dispuesto a hacer todo lo posible por encontrar a Pensil. Mandó a unos cuantos soldados que registraran y averiguasen dónde se encontraba el jardinero. También puso tres de sus mejores hombres vigilando a la princesa para que le fuera imposible acercarse a ella.

Por la tarde recibió la noticia de que Pensil había enterrado a su padre de camino al bosque de Abyso. Pidió a sus mejores jinetes que lo buscaran allí. No faltaba mucho para anochecer, por lo que los jinetes se apresuraron a cumplir con su empresa.

Mientras, Pensil caminaba hacia las montañas. Tenía un largo viaje por delante, pero sabía que no podría parar ni siquiera un momento. Cuando anochecía, decidió darse un merecido descanso. Se encontraba en lo más profundo del bosque de Abyso, un lugar mágico y hermoso como ninguno. A pesar de estar preocupado por su suerte y la de su anhelado amor, se sentía tranquilo pensando que el espíritu del bosque lo iba a proteger. Se dejó llevar por el momento y recordó las vivencias junto a Alhelí. Sentado en el suelo, su zurrón colgaba de él. Lo abrió y contempló las flores secas que habían en su interior, el recuerdo de su amor.

Luego pensó en su madre y en sus fascinantes secretos sobre la naturaleza. Pidió que el espíritu del bosque le ayudara y, como no tenía más ofrenda que darle a cambio, decidió entregarle cuanto poseía, que, para él, tenía más valor.

Con ayuda de la azada con la que había enterrado a su padre, hizo un pequeño agujero en el fértil suelo del bosque. En él dispuso las flores secas: la rosa, la margarita y la flor de loto. Después, las cubrió de tierra húmeda y las regó con el agua que había recogido, durante su camino, de un arroyo.

Con un ritual que le había enseñado su madre cuando era pequeño, pidió, con gran humildad, que el espíritu del bosque de Abyso intercediese a su favor.

—Dale a la naturaleza... lo que es de la naturaleza —dijo en voz alta Pensil.

Después, continuó su viaje. Y, sin darse cuenta, olvidó su zurrón en el suelo.

Una extraña figura, oculta, había estado observando el ritual de Pensil. Una túnica cubría completamente su cuerpo y llevaba capucha, por lo que era imposible saber su identidad. Esperó a que el muchacho se hallase lo suficientemente lejos para no ser descubierta y, entonces, se acercó donde Pensil había enterrado las flores secas. Con gran cuidado, sacó de su bolsillo una misteriosa seta esférica, que lanzó contra el suelo al mismo tiempo que pronunciaba unas palabras:

—Quítale a la naturaleza... lo que no es de la naturaleza.

La seta estalló de inmediato nada más topar con en el suelo y cientos de esporas cubrieron por completo la superficie. Al instante, una gran humareda empezó a cubrir por completo al misterioso personaje. Después, el humo dio paso a una espesa bruma y, sin dejar rastro alguno, el extraño desapareció.

La bruma se convirtió en un impenetrable muro de niebla, que cubrió todo el bosque de Abyso. Los soldados enviados a capturar a Pensil tuvieron que bajar de sus monturas, puesto que los caballos se negaban a continuar. Al cabo de unos minutos, se habían perdido.

—Es imposible continuar —dijo el soldado al mando de la partida—. Será mejor regresar por donde hemos venido.

Después de enfrentarse durante un buen rato con la adversidad del bosque, uno de los soldados descubrió un pequeño zurrón en el suelo. Tenía que ser de Pensil, así lo afirmaba uno de los soldados que conocía personalmente al jardinero. Aunque sus noticias no iban a complacer para nada a Deslex y, mucho menos, al príncipe Avero, ahora poseían algo con lo que demostrar su esfuerzo.

Al cabo de largos minutos, consiguieron encontrar el camino de regreso al castillo, donde les esperaba, a su pesar, alguna que otra sanción por parte de Deslex.

De cuando la princesa Alhelí fue engañada por el pérfido Avero y en su congoja fue presa por un maleficio

"Magia, es creer en ti mismo. Si puedes hacer eso, puedes hacer que cualquier cosa suceda."
— Johann Wolfgang —

Al día siguiente de la partida de Pensil hacia las montañas, la princesa Alhelí se disponía a dar un paseo matinal a caballo junto al príncipe Avero, tal y como le había ordenado su padre, el rey Creso. Iba a ir acompañada por el séquito real y su padre, así que Alhelí poca cosa podía hacer al respecto y, aunque a regañadientes, debía cumplir con sus obligaciones. Al cabo de media hora de partir de palacio, cerca de las inmediaciones del bosque de Abyso, el príncipe Avero se las ingenió para quedar unos momentos a solas con la princesa Alhelí. Su padre y el séquito real entendieron que ese era un buen momento para que ambos pudiesen intimar, por eso los dejaron a solas.

—Princesa —dijo el príncipe Avero, aproximando su montura a la de Alhelí—, sé que vuestro amor no me pertenece. Pero, por el bien de vuestro pueblo y el vuestro propio, debéis desposaros conmigo.

A la princesa Alhelí no le extrañó en absoluto la frialdad de esas palabras. Intuía que no se detendría bajo ningún concepto en su afán de hacerse con el reino de Creso. Pensó muy bien su respuesta, puesto que temía la peor de sus represalias.

—Príncipe Avero, sé muy bien que vuestra intención va más allá de un simple matrimonio. Sé que ansiáis obtener el beneficio de mi padre y apoderaros del reino de Creso. Sin embargo, el reino de Creso siempre ha vencido al vuestro y no creo que esta vez vaya a ser diferente.

—Bien, princesa… No creo que hagan falta más batallas para poder vencer a Creso. La batalla final ha llegado, y no podréis negaros a mis intereses.

—¿Qué vais a hacer? Mi padre nunca accederá a concederos mi mano si sabe cuáles son vuestras pretensiones. Y más teniendo en cuenta que nada en este mundo me haría más infeliz que desposarme con vos.

—No tenéis otro remedio —dijo el príncipe Avero, con una sarcástica sonrisa. Entonces le mostró un objeto que Alhelí reconoció enseguida: el pequeño zurrón, que se lo entregó.

—Pensil...

—Cierto, princesa. Vuestro jardinero está en mis manos, así que no tenéis más remedio que…

La princesa intentó hacer girar su montura para salir corriendo. Pero el príncipe Avero fue muy ágil y, antes de que pudiese huir, agarró las riendas. El caballo se sintió atrapado y se alzó sobre sus patas traseras con tal fuerza que al príncipe Avero le fue imposible contenerlo. Cayó al suelo, y la princesa partió al galope hacia el interior del bosque de Abyso. Sus lágrimas de dolor y rabia le nublaban la vista, pero no dejó de galopar.

La escena fue seguida de lejos por el rey y su séquito. Creso ordenó a sus mejores hombres que trajeran a la princesa de vuelta, mientras se acercaba al príncipe Avero para averiguar qué había sucedido. Se temía lo peor, ya que conociendo el carácter rebelde de Alhelí, consideró que ésta se habría enojado por algún que otro atrevimiento. Así se lo confirmó el príncipe Avero, que ante las preguntas del rey, respondió que solo había insistido en mostrar su amor por la princesa.

Al cabo de unos minutos, la princesa Alhelí se encontró rodeada por una espesa niebla que, desde la noche anterior, se cernía en el interior del bosque de Abyso. No tuvo más remedió que detener a su caballo, pero continuó su camino mientras su corazón se aprisionaba en sí mismo. Mientras andaba entre la niebla, sostenía su montura por las riendas a la espera de que en algún momento el clima mejorara y pudiese continuar. Sus lágrimas recorrían sus mejillas, pensaba que si volvía y explicaba a su padre las artimañas del príncipe Avero, no dudaría en matar a Pensil, si es que no lo había hecho ya.

Mientras seguía caminando, escuchaba a lo lejos los gritos de los soldados que habían partido en su búsqueda. Poco a poco, la niebla se fue disipando y cuando se disponía a volver a montar a caballo, una extraña planta le llamó la atención.

Se acercó y pudo comprobar que nunca había visto algo así. Su tallo era grueso y sus hojas amplias, del color del carbón más oscuro. Una única flor se alzaba en su punto más elevado. Y, aunque completamente seca, sin color alguno, desprendía una luz sin igual. No pudo resistirse a agarrar el tallo con una mano, mientras acercaba la flor a su nariz. Sintió un olor familiar. Era su propio olor, que iba transformándose conforme iba cambiando su pensamiento. Entonces pensó en Pensil, y la esencia de la flor le trajo los mejores recuerdos de su compañía. Sin poder evitarlo, arrancó la flor de su tallo. Entonces, la planta empezó a apoderarse de su ser. Cayó en un profundo sueño y desapareció por completo.

Mientras Alhelí desaparecía, la planta se transformó. Su tallo seco se petrificó, cristalizándose al instante en un montón de esmeraldas unidas entre sí. Su color verde recordaba la profunda opacidad de los ojos de Alhelí. Una sola flor se alzaba entre sus tallos, sus grandes pétalos habían sido forjados por el más puro de los metales, cuyo brillo recordaba el áureo cabello de Alhelí. Así, flor y princesa se convirtieron en una sola razón.

Se oyó el lamento de la tierra, la vegetación y los árboles se secaron, atrapando en su interior cualquier forma viviente que no hubiera tenido tiempo de huir.

El rey de Creso y su séquito no daba crédito a lo que estaban viendo. La guardia personal del rey Creso intentaba llegar a un lugar seguro, pero ante los ojos de su rey, eran engullidos por el bosque. El rey temió por la vida de su amada hija, por lo que hizo llamar a sus mejores soldados.

Al cabo de una hora, cientos de soldados montados a caballo acontecieron a la llamada de su rey. Creso les ordenó que iniciaran un combate singular: luchar contra un extraño enemigo, la agostada vegetación del bosque de Abyso.

Ante sus ojos, aconteció el peor de sus sueños. Cientos de soldados eran engullidos en su intento de acatar las órdenes reales. Creso no tuvo más remedio que desistir de su intento de recuperar a su hija. Resignado, regresó a palacio. Allí se reunió con el príncipe Avero, al que le pidió ayuda.

—Príncipe Avero, si deseáis contraer matrimonio con mi hija, os pido que la rescatéis de este desafortunado suceso.

Pero el príncipe Avero decidió regresar a su reino con nuevos planes de conquista.

—Lo siento, majestad. Pero vuestra hija ha sido embrujada. Por eso regresaré a mi reino.

Antes de partir, el príncipe Avero se reunió con Deslex y le pidió que le tuviera informado de todo lo que sucedía en palacio. Quería perpetrar un nuevo plan para hacerse con el poder del reino de Creso, así que creyó que Deslex aún le sería de ayuda.

Al día siguiente de la marcha del príncipe Avero, el rey Creso se reunió con sus consejeros reales. Éstos le dijeron que ofreciera la mano de su hija al caballero que consiguiese devolverla sana y salva.

Sin más dilación, cinco emisarios reales partieron esa mañana de palacio. Debían difundir la noticia a los reinos colindantes. Los primeros paladines que debían intentar rescatar a la princesa debían de ser los príncipes alegados al reino de Creso, así se dispuso en el mandato real del rey de Creso.

Tristeza

La flor de la mostaza

"Lo importante no es lo que nos hace el destino,
sino lo que nosotros hacemos de él."
— Florence Nightingale —

Aquella mañana Pensil se sentía completamente afligido. Salió de la cueva donde se refugiaba con la cabeza gacha, sin apenas ánimos para continuar con su lucha. No veía ninguna opción a su causa y una gran tristeza le embargaba profundamente.

—Estoy perdiendo el tiempo, me veo incapaz de enfrentarme a mi destino.

—¿Cuál es tu destino, Pensil? —preguntó la voz.

Pensil agradeció sentirse acompañado, por aquel desconocido con quien tenía largos diálogos. Había compartido con ella, durante esos días, sus sentimientos más sinceros.

—Mi destino debería estar junto a Alhelí. Sin ella y sin su amor, prefiero morir.

—Veo que te embarga una gran tristeza… ¿Quizá por eso estés pensando que tu destino tiene un lugar?

—¿Un lugar? ¿A qué te refieres?

—Me refiero al lugar que ocupas tú, en tu propia historia.

—Perdona, pero sigo sin entenderte.

—No te preocupes, Pensil. Háblame de ese destino, junto a tu amada.

Pensil decidió dar un descanso a sus piernas. Se sentó y empezó a imaginarse junto a su amada. Al cabo de unos pocos segundos, sus emociones empezaron a cambiar. Delante se le ofrecía una vista singular, un campo completamente lleno de flores amarillas destellaba en las pupilas de sus ojos. Se imaginaba junto a su amada recorriendo aquel lugar, mientras sus corazones abrazaban sus latidos en un solo repicar.

—Mi destino podría ser el que yo deseo que sea...

—Cierto, tú lo has dicho... podría ser. Entonces, ¿qué lugar ocupa en ti ese posible destino? —preguntó de nuevo la voz.

Pensil dudó un poco. ¿Su destino estaba en realidad en algún lugar en su interior? ¿Y, si era así, cuál era ese lugar?

Siguió observando las miles de flores amarillentas que había ante él, mientras intentaba encontrar una respuesta a sus dudas. Un pequeño grupo de jilgueros se mostró delante, iban recorriendo el campo recogiendo las semillas que allí se les ofrecían. Se levantó. Sus emociones habían cambiado por completo. Con firmeza, le dijo a su voz amiga.

—¡Mostaza! ¡Mi destino está en la mostaza!

—¿Qué quieres decir con eso?

—¡Mi destino está donde yo esté! Si la tristeza es en sí misma una renunciación a uno mismo, el coraje es en sí mismo el mayor de los abandonos: significa abandonar la dejadez de doblegarse esperando a que llegue tu propio destino.

Se dio cuenta de que Pensil había encontrado un camino a seguir, un camino por construir y por el que luchar. Pero le había quedado una duda y, mientras Pensil acariciaba el hermoso campo de mostaza, le preguntó:

—¿Qué tiene que ver la flor de la mostaza con tu destino? ¿Acaso me estoy perdiendo algo?

Pensil sonrió, y se sentó a contarle una historia a su voz amiga. Una historia que le había contado su madre sobre la flor de la mostaza y su querido hermano, el jilguero.

— ¿Y cuándo vendrá a veros vuestra amada Mostaza?

— No puede venir a verme porque los dioses nos han castigado. Debemos permanecer para siempre el uno alejado del otro.

— Si lo deseáis, puedo interceder por vuestro amor. No hay nada que más me satisfaga que contrariar a los dioses.

— ¿De verdad puedes hacer algo al respecto? Si pudiera estar, aunque solo fuera un instante, con mi amada Mostaza, sería capaz de ofrecerte mi canto.

— Bien — dijo la Muerte —. Lo que yo quiero no es tu canto, a pesar de que tiene su encanto. No, lo que yo realmente quiero es que, a cambio de pasar el tiempo que quieras junto a Mostaza, me ofrezcas tu vida.

— ¡Mi vida no es nada sin mi amada Mostaza! ¡Tómala! Pero antes, concédeme el deseo que me has prometido. Déjame estar junto a mi amada Mostaza.

La Muerte no lo dudó ni un instante y se hizo con la vida del Jilguero, transportándolo al reino de los mortales. Después, decidió ir a ver a Mostaza. Y cuando la encontró, le ofreció el mismo trato.

— ¿Para quién preparas este aromático manjar? — dijo Muerte a Mostaza — ¿Es para los dioses?

— Sí, ellos se lo comerán.

— ¿Y el olor que desprende, para quién lo preparáis?

Mostaza se sorprendió. ¿Habría Muerte descubierto su secreto?

— ¿Qué es lo que tú sabes? –preguntó Mostaza.

Sé muy bien que la comida es para los dioses, pero también sé que el aroma que desprende es tu ofrenda hacia tu amado Jilguero.

— ¿Cómo puedes saber tú eso?

Entonces Muerte le contó a Mostaza el trato que había sellado con su amado Jilguero y le propuso hacer lo mismo con ella. Mostaza aceptó sin ninguna dilación y Muerte también se hizo con la vida de ésta, transportándola al reino de los mortales.

Desde entonces, los dioses perdieron dos de sus mejores tesoros… Escondidos entre los campos, se les observa juntos por primavera. Sus amoríos pasan desapercibidos, puesto que temen que los dioses les descubran y les hagan volver al reino de los cielos donde sufrirían el mayor de los castigos.

Solo los más curiosos oídos pueden escuchar el tímido canto del Jilguero y solo los más versados olfatos oler el escondido fruto de Mostaza.

—Hermosa historia —dijo la voz—. Es un gran regalo por tu parte. Pero, me gustaría hacerte una última pregunta que tiene que ver con tu decisión y repentino cambio. ¿Qué te llevas de la historia de Mostaza y Jilguero?

—Me llevo la convicción de que el destino está en mi interior. Solo yo puedo construirlo y vivirlo —contestó Pensil, alzándose—. Tomo la decisión de cumplir con mis promesas con Alhelí. Al igual que los protagonistas, Mostaza y Jilguero, no me importa encontrar la muerte si ese ha de ser mi destino. *La fortuna sonríe a los que se destinan a sí mismos y cumplen con convencimiento sus ideales.*

Pensil y su voz amiga se despidieron, para seguramente volver a encontrarse en algún que otro momento de su propia historia. Pensil lo hizo dirigiéndose de nuevo hacia el bosque de Abyso, y la voz hacia sus ocupaciones mundanas.

El reino de Valere

El último rey en saber del encantamiento de la princesa Alhelí fue Valere. Conocido más allá de los seis reinos por su gran coraje y valentía, siempre dispuesto a defender sus ideales con gran tenacidad. Había sido una pieza clave durante años en el campo de batalla para la hegemonía del reino de Creso. Pero ahora, desde hacía tiempo, los seis reinos estaban en paz y harmonía.

Así que Valere se dedicaba por completo a su hijo Apeno, quería que éste saliese de una vez por todas de una terrible aflicción en la que estaba sumido desde que era bien pequeño. No era de extrañar de que fuera así, ya que su madre murió cuando Apeno era bien apenas un niño y su padre se mantuvo durante años lejos de él en los campos de batalla. No obstante, ya desde bien pequeño, Apeno siempre había mostrado una profunda tristeza. Valere, aunque se sentía en cierta forma partícipe de la tristeza de su hijo, sabía muy bien que formaba parte del carácter de su hijo.

Como cada día desde hacía tiempo, el rey Valere fue a ver a su hijo a primera hora de la mañana. Tenía que darle las buenas nuevas respecto al mandato real que había llegado desde el reino de Creso. Se encontró a su hijo, como era habitual en él, completamente desolado, sin ser capaz de levantarse para andar unos pocos pasos antes de volver de inmediato al suelo. Allí, completamente desolado, rompía en un incómodo llanto que apenaba a cualquiera que intentara darle ánimos.

Valere suspiró profundamente, intentando recoger fuerzas para afrontar lo que sería un día duro. Apeno se sintió protegido de volver a tener a su padre junto a él y, poco a poco, su llanto fue disminuyendo.

Cuando Valere se dio cuenta de que su hijo podía atenderle como era debido, empezó a explicarle lo que le había sucedido a la princesa Alhelí. Apeno no tardó mucho en volver a llorar desconsoladamente. Se entristecía ante cualquier contradicción.

—Apeno, debes reponerte y salir de este pozo sin fondo en el que te hayas sumergido. Por el bien de la princesa Alhelí, deberás hacer frente a tu peor sueño: tu propia desolación.

—Padre —contestó Apeno, recordando la sonrisa de Alhelí, como si fuera el mayor de los tesoros jamás descubiertos—. Desde luego que la princesa no es merecedora de ningún castigo, pero nunca me he visto capaz de afrontar ni siquiera el reto de levantarme sobre mi misma pena. No me veo capaz de afrontar semejante desafío.

—No debéis temer por nada, querido hijo. Sin que nadie sepa nada, yo os acompañaré y os ayudaré a vencer a los enemigos que sea necesario vencer. Los tuyos propios y los que aparezcan en tu camino.

Apeno agradeció sinceramente la ayuda de su padre y lo hizo de la mejor manera que pudo. Llorando desconsoladamente, se abrazó al fornido pecho de su padre. Este intentó no sentir pena por su hijo, a sabiendas de que eso era lo peor que podía hacer. Más bien al contrario. Se alegró de que su hijo no pudiera hacerse cargo de la misión que debía acontecer.

—Por fin… —se dijo a sí mismo Valere— volveré a retomar mis armas y a luchar contra la maldad que amenaza nuestro reino.

Después ordenó a su hijo que partiese hacia el bosque de Abyso y que le esperase en las inmediaciones del mismo. Nadie debía saber que iba a ayudarlo a vencer las extrañas fuerzas que habían desolado al rey de Creso. Así conseguiría devolver la felicidad que merecía su hijo, la de obtener el amor de la princesa Alhelí y la admiración por parte de su padre el rey Creso.

Apenas llegó a las inmediaciones del bosque de Abyso, Apeno tuvo que descender de su caballo. Postrándose en el suelo, se estremeció completamente nada más contemplar el desolado paisaje del bosque de Abyso. Después, como era habitual en él, interrumpió en el silencio presente con sus llantos y lamentos habituales.

Al cabo de pocos minutos, llegó su padre al lugar. Sin ninguna dilación, descendió de su caballo y, desenfundando su espada, le dijo a su hijo:

—Apeno, hijo... No tenemos tiempo que perder. ¡Sígueme!

Apeno levantó la mirada, bañada por las lágrimas de su último llanto. A duras penas pudo distinguir a su padre abriéndose paso con gran valentía entre la temida vegetación del bosque de Abyso. En pocos segundos el rey Valere ya había avanzado unos cuantos metros mientras el bosque de Abyso iniciaba uno de sus temidos ataques, intentando aprisionar entre su vegetación el cuerpo del rey. Entretanto, su hijo Apeno se había puesto en marcha, secándose las lágrimas de sus ojos corrió en busca del camino abierto por su padre. La contienda duró varias horas. Mientras las fuerzas de Valere iban menguando, su hijo Apeno tuvo tiempo de deplorar a través de su incesante llanto la valentía de su querido padre.

—¡Padre… padre! —le dijo en más de una ocasión entre sollozos—. Nunca os podré devolver todo lo que hacéis por mí. No soy merecedor de vuestros esfuerzos.

Pero Valere estaba demasiado ocupado para atender los lamentos de su hijo Apeno, la vegetación se mostró como el más temido de los enemigos habidos y por haber a los que el rey Valere se había enfrentado jamás. Su lucha pudo haber terminado de la peor forma posible, ya que varias fueron las situaciones en que Valere se encontró completamente amortajado. Pero gracias a su gran convicción, consiguió salir victorioso de la contienda.

La vegetación dejó de crecer, de envolver al rey Valere en sus intentos de detener su avance. Fue entonces cuando Valere se dio un merecido descanso, mientras su hijo lo abrazaba entre sollozos.

—¡Apeno, hijo mío! Debéis afrontar vuestros miedos. De lo contrario, ¡no conseguiréis el amor de la princesa Alhelí!

¡…. princesa Alhelí! –repitió una extraña voz.

Por un instante, Valere pensó que era su propio hijo quien había repetido sus palabras. Pero nada más lejos de la realidad, puesto que, a pocos metros de donde se encontraba, su propia imagen se mostraba dispuesta a ser su propio verdugo.

Desprendiéndose de los brazos de su hijo, que le rodeaban por completo, se dispuso a enfrentarse a su nuevo desafío.

—¿Quién demonios sois? –dijo Valere, desafiando a su propia imagen.

—¿Quién voy a ser? —contestó ésta—. Soy el rey Valere.

No daba crédito a lo que estaba sucediendo y, mientras su hijo, quedaba postrado entre lágrimas, se precipitó contra su nuevo enemigo.

Su lucha apenas pudo ser seguida por su hijo Apeno, que continuó postrado sollozando como un niño. Durante el lance, sus espadas lanzaban fuego, mientras, poco a poco, se veía venir lo peor. Fue un golpe mortal lo que acabó con la vida de los dos combatientes. Sus espadas se atravesaron mutuamente, dejando dos cuerpos tendidos en el suelo.

Apeno se precipitó a abrazar a su padre. Pero se detuvo. Pues su confusión era máxima. ¿Cuál de los dos cuerpos allí presentes era en realidad su padre?

Durante la contienda, mientras los ataques de uno contra el otro iban tomando lugar, Apeno se descompuso completamente, llegando a perder por completo quien era, de los dos combatientes, en realidad su padre.

Pero, por suerte, apenas había pasado un minuto, uno de los dos cuerpos allí tendidos empezó lentamente a desaparecer. Quedando solamente el cuerpo del verdadero rey Valere.

Sostuvo el cadáver, mientras lanzaba al aire el mayor de sus lamentos.

—Padre, padre... —fueron sus únicas palabras, mientras sollozaba desconsoladamente.

Al cabo de unos largos minutos, Apeno empezó de nuevo a cobrar el razonamiento. Ya no tenía casi lágrimas con las que seguir lamentándose. Así que empezó a vislumbrar lo que se acontecía a su alrededor. Alguna cosa le llamó la atención en el interior del bosque, una extraña y brillante luz se le acontecía a lo lejos. Decidió intentar cumplir los deseos de su querido padre, así que, con un cierto tembleque entre las piernas, se dirigió hacia el lugar de donde emanaba aquella luz.

Al llegar a lo más profundo del bosque, descubrió una extraña planta que parecía reclamar su atención. Brillaba con fulgor gracias a los cientos de esmeraldas que conformaban su solidez. Pero lo más curioso de la planta era una exuberante flor que prendía de su tallo más alto. La luz que de ella manaba mostraba que su cuerpo debía estar compuesto de algún extraño y valioso metal. Apeno no pudo resistir la tentación de acercarse y contemplar más de cerca la flor allí presente. La atracción hacia la flor fue ganando intensidad y, al cabo de pocos segundos, Apeno decidió acercar su nariz para olfatear la esencia que de cerca desprendía la flor.

Enseguida reconoció su propio olor, que emanaba de aquella flor. Su esencia corporal fue transformándose y Apeno empezó a oler sus propias emociones. Sintió el olor de la tristeza que siempre había estado presente en él, impregnando por completo todo su ser. Sin ser capaz de afrontar la situación, salió huyendo como pudo del lugar, sin darse cuenta de que de quien estaba huyendo era de sí mismo. Su propia locura se había apoderado por completo de su conciencia y fue incapaz de darse cuenta de adónde dirigía sus pasos. Al cabo de poco, sus llantos y lamentos fueron completamente acallados por la vegetación del bosque de Abyso que, sin ninguna dilación, engulló una nueva víctima.

De cómo Pensil regresó en busca de su amada y en su camino se enfrentó a los peligros que en el bosque le aguardaban

Aquella misma mañana, después de despedirse de la misteriosa voz que le había acompañado durante los días de su huida, Pensil se dispuso a volver a palacio en busca de su amada Alhelí. Su plan era sencillo, entrar en palacio sin ser descubierto y proponerle que huyeran para siempre. Sabía que no iba a estar exenta de peligros y que el rey Creso no escatimaría esfuerzos por recuperar a su hija. Pero iba a ser la única posibilidad que tenían de poder pertenecer el uno al otro.

Pero lo cierto era que Pensil no tenía ni idea de lo sucedido en el bosque de Abyso, ni del encantamiento al que había sido sometida su amada Alhelí. Por lo tanto, sin saberlo, sus planes iban a cambiar radicalmente en cuanto pusiera un pie en el bosque de Abyso.

Anduvo con paso firme, vigilando a cada instante no ser descubierto por sus posibles enemigos. Al cabo de un par de horas, se encontraba detrás de una suave colina que se anteponía a su llegada al bosque de

Abyso. Poco a poco, escondiendo su figura entre la maleza, se dispuso a ojear qué le deparaba en las aproximaciones al bosque de Abyso. Estaba convencido de que seguramente los soldados estarían apostados en las inmediaciones esperando encontrarlo por el lugar.

Cuando por fin el bosque de Abyso se mostró ante su mirada, un extraño presagio se hizo presente en su corazón. Allí estaba el que fuera el bosque de Abyso, ensombrecido por una extrema sequedad. Los árboles y plantas habían perdido todo su verdor, anteponiendo a los ojos del desconcertado Pensil, un desolador panorama.

Pensil se estremeció al instante y se dejó caer al suelo. No podía creer lo que veía, no era posible que el bosque de Abyso se hubiese secado por completo. Tendido en el suelo, estaba viviendo la peor de sus pesadillas. Volvió a ponerse de cuclillas y, sigilosamente, volvió a alzar su mirada más allá de la cima de la colina donde estaba situado.

El paisaje que allí se le ofrecía era completamente aterrador, el olor a sequedad impregnaba completamente el lugar. Por fortuna, observó que no había soldados en las inmediaciones y decidió enfrentarse a lo que le deparaba la situación. Se dirigió hacia el bosque de Abyso. Cada uno de sus pasos era espolvoreado por la sequedad del terreno. En pocos minutos, se encontraba ante el bosque de Abyso. Y, justo cuando se decidía a poner su primer pie en el interior del bosque, una voz detuvo su caminar.

—¡Hola, Pensil!

Pensil se giró al instante. Detrás de él había una mujer misteriosa. Iba ataviada con una gran túnica y llevaba la cabeza cubierta por una gruesa capucha, por lo que a Pensil le era imposible saber de quién se trataba.

—¿Quién sois? —preguntó Pensil, cuyo corazón latía vigorosamente ante su desconcierto.

—Soy el espíritu del bosque de Abyso —contestó.

A Pensil le invadió aún más la sorpresa. Y no sólo por la afirmación del misterioso personaje, sino porque, en cierto modo, le pareció que conocía desde hacía mucho tiempo a su interlocutora. Al instante pensó en su madre, pero la voz de aquella persona era completamente diferente a la que recordaba de ella. Además, observó que sus manos estaban completamente agrietadas por el paso de los años. No podía ser su madre, ella era mucho más joven.

—¿Cómo es que me conocéis?

Te conozco desde que naciste, he estado a tu lado siempre. Por algo soy el espíritu del bosque de Abyso.

—¿Qué queréis de mí? –preguntó Pensil, sorprendido.

—Vengo a avisaros de los peligros que corréis. En su momento me pedisteis ayuda, y yo os escuché. Ahora, debéis someteros a una terrible prueba, puesto que, bajo el encantamiento al que me sometí, se halla vuestra amada Alhelí.

—¿Qué le ha sucedido a Alhelí? –preguntó Pensil, temiendo lo peor.

—La encontraréis en la profundidad del bosque y solamente la recuperaréis si os mantenéis, en todo momento, con un corazón puro y firme. Solo lograréis vencer al encantamiento si demostráis que vuestro amor por Alhelí es verdadero. Debéis dirigiros al interior del bosque —continuó diciendo el espíritu del bosque de Abyso—. Solo aquello que habéis aprendido de vos mismo, podrá ayudaros.

Pensil se sentía completamente desorientado, pero no dudó en ser agradecido con el espíritu del bosque de Abyso. Aunque, en su interior, temía que a Alhelí le hubiera sucedido lo peor.

Finalmente, Pensil dirigió sus pasos hacia el interior del bosque de Abyso en busca de su amada. Cuando se hubo alejado lo suficiente, el extraño personaje se transformó. Primero introdujo los dedos de sus manos en su boca y, con una cierta dificultad, sacó un extraño objeto que obturaba su garganta. Era una singular semilla, del tamaño de una castaña, que poseía el don de transformar a quien la introducía en el interior de su boca. El supuesto espíritu del bosque de Abyso se convirtió en una hermosa mujer de mediana edad. Con una voz dulce y elegante, completamente diferente a la que había oído Pensil, susurró al viento:

—Ten confianza en ti mismo, hijo mío… Yo siempre estaré a tu lado y, aunque sea para ponerte a prueba, lucharé a tu lado.

Sin percatarse de lo que sucedía detrás suyo y de la transformación del supuesto espíritu del bosque de Abyso, Pensil penetró con paso firme en el bosque de Abyso. Inmediatamente se detuvo, ya que de imprevisto la vegetación del bosque de Abyso empezó a aprisionarlo. Pensil se dio cuenta al instante de que, si intentaba avanzar, sería engullido de inmediato. Así que, manteniéndose completamente sereno, esperó, inmóvil, lo que le pareció una eternidad. La vegetación amortajó por completo su cuerpo, ahogándole. Mas no desfalleció, se mantuvo con la mente serena y tranquila. Contuvo la respiración todo lo que pudo.

Pasaron un par de minutos, que para el pobre Pensil parecieron horas. Así, pudo contener el primer embate del bosque de Abyso. Poco a poco, la vegetación fue retrocediendo. Primero, dejando que la respiración volviese a Pensil; después, el retroceso le liberó sus brazos y, finalmente, sus piernas quedaron también liberadas.

Cuando Pensil se percató de que la vegetación se hallaba completamente calmada, dio un paso más. Al instante, la vegetación reaccionó. Apresó de nuevo el cuerpo de Pensil, que se detuvo de inmediato. Cogió aire, dispuesto a resistir otra vez un par de minutos más sin respirar.

La vegetación volvió a retroceder, poco a poco, mientras Pensil recobraba de nuevo su aliento. Después de un momento de calma, Pensil decidió dar un paso más. Un nuevo ataque. Esta vez Pensil ya había descubierto cómo vencer a su enemigo. Con la mente serena y tranquila, aguantó la respiración.

La singular batalla que mantuvo Pensil con el bosque de Abyso duró todo el día y toda la noche. Pero nunca se dio por vencido y, con gran entereza, resistió todos los embates a los que fue sometido.

Al día siguiente, a la luz del alba, el bosque de Abyso empezó a darse por vencido. Domado por el aplomo del joven, fue retrocediendo. Exhausto y sin poder dar un paso más, Pensil se dejó caer al suelo. Allí permaneció durante varias horas, recobrando lentamente la energía perdida.

A medio día decidió continuar su camino. Se puso en pie y empezó a andar, penetrando cada vez más en el interior del bosque de Abyso. Pero un inesperado acontecimiento tuvo lugar...

Su propia imagen se apareció delante de él. Pensil se detuvo. Sus ojos no daban crédito a lo que estaban viendo. Inmediatamente, Pensil decidió averiguar qué era lo que estaba sucediendo.

—¿Quién eres tú? —preguntó Pensil a su propio reflejo.

—Yo soy tú —contestó con firmeza.

—¿No eres mi reflejo?

—¡No! En realidad, ¡tú eres mi reflejo!

—Bien... quizá sea cierto. Pero respóndeme a unas preguntas... —dijo Pensil, reflexivo. ¿Puede uno observarse a sí mismo? ¿O lo que observa es siempre su propio reflejo?

Mientras su propia imagen buscaba una respuesta adecuada a las preguntas de Pensil, éste se dispuso a responder a sus propias preguntas.

—Si tú crees que yo soy tu reflejo y yo creo que tú eres mi reflejo... Y ninguno de los dos puede ser observado por sí mismo... es evidente que ninguno de los dos somos yo...

La confusión de las palabras de Pensil se hizo presente en su propia imagen, que no se dio cuenta de que Pensil se le aproximaba, invadiéndola por completo. Al instante, Pensil y su propia imagen se fundieron en un solo ser.

Pensil había logrado confundir a su propio ego, que en forma de imagen se había aparecido delante de él. Además, sin ser consciente de ello, había logrado un paso muy importante en su camino de conseguir vencer el encantamiento que acontecía sobre su amada Alhelí.

Continuó avanzando hacia el interior del bosque de Abyso, vigilando constantemente por si nuevos peligros acechaban sobre él. Pero consiguió avanzar sin que nada le detuviera hasta la profundidad del bosque. Allí, se encontró con la extraña planta, hecha de brillantes esmeraldas. Su flor de metal brillaba con gran fulgor.

Pensil recordó aquel lugar y su corazón se estremeció. Tan sólo hacía unos días, había enterrado las flores que había recogido de sus encuentros con Alhelí. Por un instante se descompuso completamente. Su petición de que el bosque de Abyso intercediese a su favor se había convertido en la peor de sus pesadillas. Aquella planta y su situación vivida en su enfrentamiento con el bosque de Abyso daban fe de ello.

—¿Qué terrible mal ha desatado mi propia ambición? —se preguntó a sí mismo—. ¿Qué le ha ocurrido a Alhelí?

Pensil se sentía culpable de haber desatado oscuras fuerzas que parecían jugar en su contra. Pero nada más lejos de la realidad, puesto que, sin saberlo, todo el encantamiento que allí se había escenificado pretendía ayudarle a descubrir fabulosos dones que ni siquiera él era capaz de intuir.

Mientras su mirada se imantaba cada vez más con la flor allí presente, se acercó lentamente, consciente de que debía estar completamente atento a lo que pudiera suceder.

Cuando estuvo lo suficientemente cerca, dejó que su mano acariciase suavemente las lúcidas esmeraldas. Al contacto con su mano, la planta se estremeció profundamente, dejando perplejo y atónito a Pensil.

La planta extendió suavemente su flor hacia Pensil, quien no pudo resistir la tentación de sostenerla entre sus manos y llevarla cerca de su nariz.

Reconoció su propio olor. Su propia esencia, transformada en forma de fragancia. Contenía algo más que un simple aroma, contenía en sí misma sus propios pensamientos, emociones y vivencias. Pensil tuvo la sensatez de no dejarse llevar por sus propios desasosiegos y, con gran determinación, se concentró en sus sentimientos por Alhelí. Su amor demostró ser puro, ya que estaba dispuesto a dar su vida para que su amada recobrase la suya.

La planta se dejó llevar por los pensamientos puros que de Pensil emanaban. Él se dio cuenta de ello. Arrancó la hermosa flor del tallo que la sostenía. En ese preciso instante, cientos de esmeraldas vibraron mientras se desprendían hacia el suelo, recubriendo un cuerpo inerte que ni siquiera Pensil vio aparecer. Lo cierto es que la flor había desaparecido de entre sus manos, y en el suelo, junto a las esmeraldas, se encontraba su amada Alhelí. Pensil se precipitó hacia ella y la sostuvo entre sus brazos.

—¡Alhelí! ¡Respóndeme, dime que estás bien!

Su corazón todavía latía y respiraba muy despacio. Sin embargo, su cuerpo estaba completamente helado. Parecía como si hubiera caído en un profundo sueño.

—¡Alhelí! —volvió a insistir Pensil, mientras friccionaba con sus manos el cuerpo de Alhelí en un intento de darle calor—. ¡Por favor, dime que estás bien!

De nada sirvió el zarandeo y las fricciones de Pensil. Alhelí siguió dormida, víctima aún del encantamiento, mientras Pensil imploraba clemencia al espíritu del bosque de Abyso. Pasaron los segundos como si fueran minutos, y los minutos como si fueran horas. Pero nada cambió. Por más que Pensil hiciese e implorase, el cuerpo de Alhelí seguía inmerso en un profundo sueño.

Pensil decidió salir de allí.

—Buscaré al espíritu del bosque, él me ayudará a acabar con este sueño. Aunque tenga que ofrecer mi vida a cambio, Alhelí debe recuperar la suya.

De hecho, Pensil se sentía culpable de que dicho encantamiento se hubiera hecho realidad. Recogió las esmeraldas que habían conformado la planta donde quedó atrapada Alhelí. Algunas las puso en una de las túnicas que le servía de ropaje, y con ella fabricó una especie de zurrón que ató a su espalda. Otras llenaron los bolsillos de su chaqueta.

—Necesito las joyas para poder huir lejos de los 6 reinos. Seguro que nos serán útiles.

Después empezó a andar, llevando entre sus brazos a su amada Alhelí. Cuando ya llevaba varios minutos, decidió tomar un pequeño descanso. Justo en el momento en que se disponía a acomodar a Alhelí en el suelo, un terrible vendaval hizo que Pensil cayese rodando al suelo. Se incorporó para observar cómo se iba conformando delante suyo un remolino de aire y hojas secas. Éste creció y creció, superando la altura de un árbol viejo, mientras se iba conformando la figura de lo que parecía un gigante.

Pensil se levantó para hacer frente a la nueva adversidad que allí se le planteaba. Pero nada más ponerse de pie, el gigante, hecho de hojas, reaccionó con violencia. Cientos de hojas se compactaron entre sí y se precipitaron hacia el cuerpo de Pensil. Nuestro protagonista fue inmediatamente despedido por los aires, mientras oía al gigante reírse.

—¡Pobre iluso! ¿Te crees que es tan fácil poder vencer a las fuerzas del bosque? —preguntó el gigante, amenazándole con un puño hecho de hojas que elevaba por encima de su cabeza.

Pensil se recuperó como pudo. Y al apoyar su mano en el suelo para hacer palanca y poder levantarse, algo frío y punzante se clavó en la palma de su mano. Miró a ver de que se trataba, sin perder de vista al temido gigante. Éste se disponía a capturar a Alhelí, tumbada en el suelo, donde Pensil la había dispuesto. Pensil se dejó llevar por su intuición y cerró la mano, atrapando en ella unas cuantas esmeraldas.

Se puso de pie y las lanzó contra el gigante, pronunciando incomprensiblemente un mágico encantamiento.

—Que el verdor de una primavera cristalina renazca de nuevo en ti —dijo de forma intuitiva Pensil.

Las esmeraldas lanzadas por Pensil penetraron en el interior del gigante. De inmediato, las miles de hojas que conformaban su cuerpo se cristalizaron por completo. El remolino de aire siguió girando, pero, poco a poco, las hojas fueron cayendo en el suelo y haciéndose añicos. Diminutos pedazos que eran de nuevo elevados por el aire y, al tener contacto con el sol, empezaron a brillar. Todo se impregnó de una hermosa luz, que trasformó el lugar.

La hierva empezó a crecer rápidamente, mientras nuevos brotes aparecían en las ramas de los árboles. En escasos minutos, miles de flores empezaron a abrir sus pétalos, devolviendo al bosque de Abyso su esplendor perdido.

Pensil sabía que tenía que continuar su camino antes de que el rey aconteciese en el lugar. Se volvió a colgar la túnica que en forma de zurrón contenía las valiosas esmeraldas y tomó entre sus brazos a Alhelí. Se sentía sorprendido de cómo había respondido al ataque del gigante, su intuición le había llevado a descubrir el don de la magia. Él siempre había creído que poseía ciertos dones que nadie más parecía poseer. Pero nunca se había imaginado que fuera capaz de realizar un simple conjuro.

Sin embargo, la magia había hecho acto de presencia; una magia que iba a acompañarlo para el resto de su vida.

Sobre la gran gesta del valeroso Pensil, quien otorgó su vida como prueba de amor, y de la traición del vil Deslex, quien vendió su alma como prueba de su deshonor

La noticia corrió y, en menos de una hora, el rey Creso partió junto a un grupo numeroso de soldados hacia el interior del bosque de Abyso. Entre ellos, se encontraba Deslex, que no quería perderse ningún detalle.

Al llegar a las inmediaciones del bosque de Abyso, el rey Creso pudo comprobar con sus propios ojos que la noticia era cierta. El encantamiento que se cernía sobre el bosque de Abyso había desaparecido y nada iba a impedir que el rey recuperase ahora a su hija. Por lo menos, eso era lo que quería creer.

—Dispersaos por todo el bosque y encontrad a Alhelí, mi querida hija —dijo a sus soldados.

Al cabo de una hora, el rey Creso y sus soldados ya habían peinado por completo el bosque de Abyso. No había ningún rastro de la princesa. Tan sólo habían encontrado unas huellas que, desde el interior del bosque, se dirigían hacia las montañas. Por su forma, parecían las huellas de un hombre joven y todo indicaba que cargaba alguna cosa de peso encima suyo. Además, eran lo suficientemente recientes para pensar que alguna cosa tendría que ver con lo acontecido en el bosque de Abyso.

—Apenas hace dos horas que el extraño individuo debió partir- informó uno de los mejores rastreadores a las órdenes del rey Creso.

—Por lo tanto, algo podrá decirnos respecto al encantamiento del bosque de Abyso y quizá sobre mi hija —dedujo el rey—. Pues es lógico pensar que, por el tiempo transcurrido, debía encontrarse en el interior del bosque cuando éste se liberó del maleficio al que estaba sometido. ¡Vayamos en su búsqueda! ¡Y averigüemos de quién se trata!

Sin más dilación, todo el séquito allí presente se lanzó al galope en la dirección que habían tomado los pasos de Pensil. Éste, mientras tanto, intentaba volver hacia las montañas, donde sabía que sería difícil dar con él. Sin embargo, el muchacho no podía ir más rápido. Además, el peso sobre sus hombros le obligaba a tomar un corto descanso de vez en cuando.

Fue en uno de esos descansos cuando se percató de que estaban siguiéndole. Probó a hacer frente a sus perseguidores. Escondido entre la maleza, muy cerca del camino que estaba siguiendo, esperó a que el rey Creso estuviera lo suficientemente cerca. Cuando lo tuvo a su alcance, salió de su escondite con Alhelí entre sus brazos.

El rey Creso, al verlo, detuvo de inmediato a su séquito. Reconoció al jardinero de palacio, que llevaba entre sus brazos a su querida hija Alhelí.

—¿Habéis conseguido recuperar a mi hija con vida? —preguntó el rey, al ver que su hija permanecía completamente quieta.

—¡No del todo, majestad! ¡El encantamiento sigue presente en ella y permanece dormida!

—¿Quién es el culpable de que mi hija se halle en este estado? —preguntó el rey Creso completamente enfurecido—. ¡Quien quiera que haya sido, pagará con su vida tal desacato!

Pensil era consciente que desde el momento en que se había dirigido al rey decenas de flechas le estaban apuntando. Debía estudiar muy bien la respuesta. Pero su propósito era muy claro, encontrar la forma de que el rey Creso fuera condescendiente con él.

—El culpable y el único que puede devolverte con vida a tu amada hija... ¡Soy yo! —dijo enérgicamente Pensil.

Al instante, el rey Creso levantó la mano, antes de que a ninguno de sus soldados se le ocurriese disparar alguna flecha.

—Seréis perdonado si me devolvéis a mi hija con vida —contestó el rey Creso—. Así que os exijo de inmediato que la liberéis del encantamiento al que la habéis sometido.

—Respeto al encantamiento de vuestra hija, quisiera deciros que soy culpable y, a la vez, completamente inocente de ello —dijo Pensil mientras aposentaba con suavidad a Alhelí en el suelo.

—¿Qué queréis decir con que sois completamente inocente? —preguntó el rey Creso a Pensil.

—Soy culpable del encantamiento que se cierne todavía sobre Alhelí, porque en su momento vuestros soldados fueron enviados a capturarme. Al no encontrarme dieron muerte a mi propio padre. Por eso, sin ser consciente de ello, pedí ayuda al espíritu del bosque de Abyso y éste hizo que el hechizo se hiciera posible.

—¿Para qué querían mis soldados capturarte?

—¿No fuisteis vos quien ordenó mi captura al saber que vuestra hija y yo nos amábamos?

El rey no daba crédito a lo que estaba oyendo. Su hija, enamorada de un simple jardinero... ¿Estaría éste tramando algo más? Pero tuvo la entereza de no dejarse llevar por sus emociones, consciente de que el único que tenía la clave para liberar a su hija era Pensil. Después, bajó de su caballo y se acercó a Alhelí. Suplicó a Pensil que intercediese por ella.

—Os prometo que no sabía nada de lo que me estáis contando. Solo deseo volver a ver a mi hija con vida. Si liberáis por completo a mi hija de su encantamiento, yo mismo encontraré a los culpables de tu infortunio y les haré pagar su crueldad.

A una cierta distancia, Deslex seguía escuchando. Al percatarse de que el rey Creso no se detendría hasta descubrir a los verdaderos culpables de la situación de su hija, decidió huir. Pero no sin antes disparar su ballesta contra Pensil.

El silbido de la flecha surcando el aire dejó a todos completamente paralizados. Impactó en el pecho de Pensil y cayó al suelo. El rey se giró al instante para descubrir quién había sido el artífice de tal desacato, y descubrió a Deslex, que partía a toda velocidad.

—¡Atrapadlo y traedlo ante mí!

Varios de sus soldados salieron tras él, mientras el rey Creso volvía su mirada hacia el pobre Pensil. Éste yacía muerto en el suelo y su querida hija despertaba de un aletargado sueño.

El rey Creso abrazó a su hija, olvidando por completo a Pensil. Pero Alhelí era complemente inconsciente de lo que había sucedido. Sintió un enorme escalofrío recorrer su espalda al contemplar a su amado Pensil tendido encima de su propia sangre.

Dejó de inmediato a su padre y fue a abrazar el cuerpo de su amado. Su padre se dio cuenta de que el jardinero le había contado la verdad. Y ahora Alhelí se deshacía entre sollozos.

Sus lágrimas se mezclaron con la sangre que manchaba sus cuerpos, y ésta, ante los ojos atónitos del rey Creso y de los soldados más cercanos, fue transformándose lentamente. Su color rojo oscuro dio paso a un color cada vez más cristalino, semejante a la transparencia de un espejo. La sangre ya no era sangre, se fue convirtiendo en el reflejo de Pensil. Se llevó así la mortal flecha que atravesaba su pecho, su propio yo se fue diluyendo poco a poco hacia el interior del suelo.

Antes de desaparecer completamente, aquel enigmático ser pronunció unas pocas palabras, que únicamente fueron comprensibles para los oídos de Pensil.

—Ahora, dejamos de ser uno el reflejo del otro. Tú eres tú, y yo soy yo…

—¡Cierto! —pensó Pensil—. Y desde ahora, tú tendrás tu vida y yo la mía.

Pensil había resucitado ante la mirada atónita del rey Creso y su séquito. Abrazó a su amada Alhelí, a quien susurró al oído:

—Yo dejé de ser yo por ti, y tú dejaste de ser tú por mí. Ahora volvemos a ser nosotros mismos para pertenecer el uno al otro y poder reflejar así nuestro mutuo amor.

Con los ojos aún bañados en lágrimas, Alhelí imantó su mirada hacia los ojos de Pensil. Éste sonrió, lleno de felicidad, y la besó.

Fue un instante mágico. Los dos amantes sellaron para siempre el amor que sentían el uno por el otro. Al cabo de un largo minuto en que duró el beso, separaron sus labios para posteriormente ponerse de pie. Alhelí se dirigió a su padre, quien no daba crédito a todo lo sucedido. Padre e hija se abrazaron con fuerza, el rey Creso se sentía feliz de recuperar a su hija. Así que la escuchó sin apenas pronunciar palabra.

Alhelí le pidió clemencia para Pensil y le contó que el verdadero culpable de su infortunio había estado el príncipe Avero.

El rey Creso perdonó a Pensil y lo aceptó en la corte como si fuera uno más de la familia. De hecho, a los pocos meses, Pensil y Alhelí contrajeron matrimonio. Su reino floreció como nunca lo había hecho y Pensil llegó a convertirse en un gran rey. Sus hazañas fueron contadas durante mucho tiempo y conocidas incluso en los lugares más lejanos de la tierra.

De Deslex poca cosa se supo durante un largo tiempo. Cuentan que acabó huyendo hacia el reino de Ambitio, para unirse junto al príncipe Avero en su ansia de venganza. Se dice que en su huída atravesó el bosque de Abyso y que cinco extraños caballeros se unieron a él.

Nota del autor: el secreto de la voz

Después de haber escrito sobre la historia de Pensil, las dudas me invadían una y otra vez. Quería averiguar si mi intuición era cierta o no, si durante los momentos en que Pensil se enfrentaba a sus propias emociones, su diálogo iba más allá de unas simples palabras escritas.

Entre sueños, tuve el privilegio de volver al reino de Creso, de acercarme a los jardines reales en busca de mi querido amigo. Allí lo encontré, junto a su amada Alhelí, que escuchaba una de sus maravillosas historias sobre las flores y la naturaleza.

Pensil agradeció mi visita y me invitó a unirme a ellos. Después de charlar y reír un largo rato, Alhelí debió intuir que necesitaba estar a solas de nuevo con Pensil. Así que, disimuladamente, se fue.

—Pensil, tengo una pregunta.

—Adelante, amigo mío. Soy todo oídos.

—¿Con quién conversabas durante tu refugio en las montañas? ¿Quién era tu voz amiga?

—¿Con quién crees tú que fue? —me preguntó Pensil.

—¿Era conmigo, cierto?

—Sí y no... Busqué un lugar seguro, alejado de los 6 reinos, más allá de las montañas. Un lugar en la imaginación de quien estuvo leyendo mi historia. Y allí me sentí gratamente acompañado por ti, por quien ahora está leyendo estas palabras.

No entendí con claridad la profundidad de sus palabras. Pensil se dio cuenta de ello y me dijo:

—Recuerda siempre que puedas estas palabras: "Del latido de tu corazón emana la esencia que hay en ti". Y si alguien te pregunta por mí, hazle saber que siempre habrá un lugar en mi corazón donde encontrar refugio. Y un lugar en el jardín de la vida donde poder crecer.

Con el tiempo, he ido conociendo otras personas que saben de su historia a través de mi libro. Y me he dado cuenta de que Pensil también estuvo hablando con ellos. Por eso me pregunto: si la conciencia está en todas partes, ¿es posible que también esté en los libros?

Quizá algún día el protagonista de una historia escrita, o no tan escrita, pueda interactuar con el lector. Puede que las nuevas tecnologías logren ayudar a que esto sea posible. Elegir cómo sería el personaje ideal, para cada uno de nosotros; cómo plantearle cuestiones personales, o resolver dudas que el mismo personaje pueda tener...

Quizá este cuento fomente la idea de que esto sea posible. En un futuro puede que los cuentos sean explicados por libros en 3 D, a través de hologramas, de la realidad aumentada o incluso con imágenes que nosotros mismos podamos crear con el poder de nuestra imaginación.

Pero hasta entonces, Pensil te agradece que, de alguna manera, su personaje se hiciera realidad en algún lugar de tu imaginación. Por eso, a Pensil le gustaría que pudieses participar y disfrutar de los jardines que por ti está dispuesto a cultivar.

Si quieres y deseas que sus flores florezcan en tu vida no dudes en visitar:

www.marioplacoach.jimdo.com

Índice

Prólogo 5

Agradecimientos 9

Miedo 11

El reino de Secura 17

De cuando Pensil y Alhelí se conocieron y cómo el amor arraigó en sus corazones 23

De cuando el dragón Leviatán apresó a la joven princesa de un reino muy lejano y de cómo un valeroso caballero acudió a liberarla 29

Odio 37

El reino de Amos 43

De cuando Pensil y Alhelí se vieron por segunda vez y sellaron su amor con un esplendoroso beso 51

De cuando el dios del sol bajó al reino de las flores y les concedió un deseo a cada una 55

Impaciencia 63

El reino de Sendere 67

De cómo la princesa Alhelí confesó su amor por Pensil a su sirvienta Fides y fue descubierta así por el traidor Deslex 73

De cómo el joven Pensil cumplió con su promesa y sorteó la guardia de palacio para reunirse con su amada 81

Sobre la impar batalla entre ángeles y demonios donde Gabriel fue preso y liberado por el amor de Abaddona . 87

Preocupación 95

El reino de Optis 101

Sobre cómo el joven Pensil regresó a su hogar y su moribundo padre le advirtió del grave peligro que le acechaba 109

De cuando la princesa Alhelí fue engañada por el pérfido Avero y en su congoja fue presa por un maleficio......... 119

Tristeza 127

De cuando Mostaza y Jilguero vendieron su alma a la muerte contal de poder estar juntos para siempre......... 131

El reino de Valere... 137

De cómo Pensil regresó en busca de su amada y en su camino se enfrentó a los peligros que en el bosque le aguardaban... 145

Sobre la gran gesta del valeroso Pensil, quien otorgó su vida como prueba de amor, y de la traición del vil Deslex, quien vendió su alma como prueba de su deshonor 159

Nota del autor: el secreto de la voz 167